ESTHER SÁNCHEZ-GREY ALBA
Drew University, N.J.

TEATRO CUBANO.
DOS OBRAS DE VANGUARDIA
DE
JOSÉ CID PÉREZ

(Senda antológica)

SENDA NUEVA DE EDICIONES
NEW YORK
1989

Copyright © 1989 by Esther Sánchez-Grey Alba
Senda Nueva de Ediciones, Inc.
P.O. Box 488
Montclair, N.J. 07042

ISBN: 0-918454-72-7
Library of Congress Catalog Card Number: 88-64122

All rights reserved. No part of this publication covered by the copyright hereon may be reproduced or used in any form or by any means —graphic, electronic or mechanical, including photocopying, recording, taping, or information retrieval systems—without written permission.

Printed in the United States of America
Impreso en los Estados Unidos de América
Printed on acid-free paper

TEATRO CUBANO.
DOS OBRAS DE VANGUARDIA
DE
JOSÉ CID PÉREZ

Envíe su cheque y pida a: SENDA NUEVA DE EDICIONES (P.O. Box 488, Montclair, N.J. 07042)

SENDA BIBLIOGRAFICA
Elio Alba-Buffill y Francisco E. Feito. *Indice de* El Pensamiento *[Cuba, 1879-1880]*.
Alberto Gutiérrez de la Solana. *Investigación y crítica literaria y lingüística cubana.*   Pocketbook
                                                                                           Regular
SENDA NARRATIVA
Oscar Gómez Vidal. *¿Sabes la noticia...? ¡Dios llega mañana!* (cuentos)
Ignacio R. M. Galbis. *Trece relatos sombríos.* (cuentos)
Alberto Guigou. *Días ácratas. Sin ley ni Dios.* (novela)
Charles Pilditch. *The Look (La mirada,* novela de René Marqués).
Elena Suárez. *desde las sombras.* (cuentos)
Enrigue Labrador Ruiz. *El laberinto de sí mismo. (novela)*
G. Amado Bastos. *Raquel "La gata".* (novela)
G. Amado Bastos. *El ídolo.* (novela)
SENDA DE ESTUDIOS Y ENSAYOS
Octavio de la Suarée, Jr. *La obra literaria de Regino E. Boti.*
Rose S. Minc., Editor. *The Contemporary Latin American Short Story* [Symposium].
_____. *Lo fantástico y lo real en la narrativa de Juan Rulfo y Guadalupe Dueñas.*
Elio Alba-Buffill. *Los estudios cervantinos de Enrique José Varona.*
Rosa Valdés-Cruz. *De las jarchas a la poesía negra.*
Ada Ortuzar-Young. *Tres representaciones literarias en la vida política cubana.*
Suzanne Valle-Killeen. *The Satiric Perspective: A Structural Analysis of Late Medieval, Early Renaissance Satiric Treatises.*
Festschrift José Cid-Pérez. Editores: Alberto Gutiérrez de la Solana y Elio Alba-Buffill.
Ignacio R. M. Galbis. *De* Mío Cid *a Alfonso Reyes. Perspectivas críticas.*
Angela M. Aguirre. *Vida y crítica literaria de Enrique Piñeyro.*
Arthur Natella, Jr. *The New Theatre of Peru.*
Marjorie Agosin. *Las desterradas del paraíso, protagonistas en la narrativa de María Luisa Bombal.*
Michele S. Davis. *A Dramatist and his Characters: José Cid Pérez.*
Mercedes García-Tudurí y Rosaura García-Tudurí. *Ensayos filosóficos.*
Pablo Le Riverend. *Homenaje a Eduardo Le Riverend Brusone.*
Marie A. Wellington. *Marianela: Esencia y espejo. Cinco ensayos.*
Rafael Falcón. *La emigración puertorriqueña a Nueva York en los cuentos de José Luis González, Pedro Juan Soto y José Luis Vivas Maldonado.*
María Gómez Carbonell. *Cruzada Educativa Cubana. Día de la Cultura Cubana. Premio Juan J. Remos.* Ed. Alberto Gutiérrez de la Solana.
Gladys Feijoo. *Lo fantástico en los relatos de Carlos Fuentes: Aproximación teórica.*
Elio Alba-Buffill. *Conciencia y quimera.*
Enildo A. García. *Cuba: Plácido, poeta mulato de la emancipación (1809-1844).*
Aldo Forés. *La poesía mística de Fernando Rielo.*
Teta E. Moehs. *The Gospel of Jesus Christ According to Mistress Ava: A Translation by Teta E. Moehs.*
Tomás Agüero. *Cromoterapia.*
Luis Ignacio Larcada. *La península y la isla.*
Silvia Martínez Dacosta. *Los personajes en la obra de Eduardo Barrios.*
Zelda I. Brooks. *Theory of Don Quixote. Its Hispanic Mysticism.*
SENDA POETICA
Lourdes Gil. *Neumas.*
Gustavo Cardelle. *Reflejos sobre la nieve.*
Esther Utrera. *Mensaje en luces.*
Eugenio Florit. *Versos pequeños (1938-1975).*
Frank Rivera. *Construcciones.*
Marjorie Agosin. *Conchalí.*
Raquel Fundora de Rodríguez Aragón. *El canto del viento.*
Mercedes García-Tudurí. *Andariega de Dios: Tiempo de exilio.*
Ignacio Galbis. *Como el eco de un silencio.*
Ramona Lugo Bryant. *Poemas y cuentos.*
Antonio A. Acosta. *Imágenes.*
Tomás Agüero. *Ratos perdidos o* Lo que hay en mí de niño. A ELLA.
Gilda Marín de Álvarez. *¡Buenos Días, Vida!*
Inés del Castillo. *Hierba Azul.*
SENDA ANTOLOGICA
Alberto Gutiérrez de la Solana. *Rubén Darío: Prosa y Poesía.*
Roberto Gutiérrez Laboy. *Puerto Rico: Tema y motivo en la poesía hispánica.*
Jorge Febles. *Cuentos olvidados de Alfonso Hernández Catá.*
Esther Sánchez-Grey Alba. *Teatro cubano. Tres obras dramáticas de José A. Ramos.*
SENDA DIDACTICA
Alicia E. Portuondo y Greta L. Singer. *Spanish for Social Workers.*
SENDA DRAMÁTICA
Alberto Guigou. *Bruno.*
SENDA BIOGRÁFICA
Anthony M. Gisolfi. *Caudine Country. The Old World and An American Childhood.*   Softcover
                                                                                   Hardcover
          Ann O. Thomson. *And the Girls Saw Europe!*   Softcover
                                                        Hardcover

Y OTROS MUCHOS LIBROS: PIDA CATÁLOGOS

*A la memoria de
mis padres*
A Elio

Introducción

I

PERFIL BIOGRÁFICO DE JOSÉ CID PÉREZ

José Cid Pérez es uno de los autores dramáticos más destacados de la Cuba republicana, que por su dinamismo personal logró al propio tiempo, una posición sobresaliente como promotor del teatro cubano en las décadas de los treinta a los cincuenta y un reconocimiento internacional —en unión de su esposa, la Dra. Dolores Martí de Cid— por sus trabajos de investigación sobre el teatro hispanoamericano. Su obra teatral ha motivado no sólo una muy amplia y favorable labor exegética por muy acreditados críticos, sino también el honor de haber sido traducida a seis idiomas.

José Cid nació en Guanabacoa, cerca de La Habana, Cuba, el 12 de noviembre de 1906. Era el cuarto hijo de una acomodada familia cuyos medios de vida provenían de la industria tabacalera en la cual desenvolvía sus actividades el padre de la misma, Don Ramón Cid Saavedra. El hermano mayor de José Cid murió al poco tiempo de nacido, por lo tanto, en realidad, él vino a ser el más joven de los tres restantes hermanos, con una diferencia de seis y siete años con los otros dos. Esta circunstancia propició quizás el hecho de que quedara un tanto marginado cuando llegó el momento de que Don Ramón orientara a sus hijos mayores en la vida mercantil, pues para entonces el pequeño no estaba todavía en condiciones de asumir esas responsabilidades. Pero además, las inclinaciones naturales de Pepito —como era llamado en el ámbito familiar y se mantuvo siempre en el círculo de sus amigos— iban más allá del pragmatismo que predomina en el mundo de los negocios; era frecuente encontrarlo sumido en la lectura de poemas o de alguna pieza teatral, o en las reseñas de los impresionantes juegos de ajedrez que hacían historia en competencias internacionales, del joven cubano José Raúl Capablanca, que establecía records mundiales, manteniéndose invicto por años.

Este interés por las artes o todo lo que estuviera relacionado con el poder fabuloso de la mente, era alentado por su madre Doña Mercedes Pérez Ruiz que había intuido quizás —con esa percepción maravillosa que sólo tienen las madres— que su hijo estaba llamado a obtener otros logros, que pudiera ser que no fueran tan remunerativos como podían ser los de la empresa financiera, pero que le darían mayor satisfacción en la vida. Es por eso que Doña Mercedes mantiene una comunicación muy íntima con su hijo menor hasta su muerte, en 1933. Ya para entonces el hijo había encauzado su vida en los avatares del teatro: varias piezas suyas habían subido a escena, sin embargo la madre nunca se sintió con fuerzas suficientes para resistir la emoción de asistir a ninguna de las representaciones de su Pepito a pesar de que *Cadenas de amor, Altares de sacrificio* e *Y quiso más la vida...* ya habían recibido premios nacionales, y la segunda, *Altares de sacrificio,* se había publicado. La madre ha podido saber que su intuición no era infundada y puede morir tranquila sabiendo que el destino de su hijo menor se estaba cumpliendo. Además, hay alguien que seguirá huellas alentando al joven dramaturgo y estimulándolo a seguir adelante. Es María, una huérfana a quien Doña Mercedes crió como hija desde muy pequeña y que fue para los jóvenes Cid la hermana que no tuvieron y para Pepito, el más joven, como una segunda madre.

Entre los recuerdos más queridos de José Cid está la anécdota de cómo se inició en el periodismo, que merece ser relatada porque deja ver una faceta muy interesante de una de las grandes figuras de la intelectualidad cubana, que estuvo relacionada con la misma.

Ya Cid había terminado el bachillerato y, por disciplina de trabajo más que por necesidad económica, empezó a trabajar en la redacción de *El Avisador Comercial,* limpiando las oficinas. Al menos el ambiente le resultaba mucho más agradable e inspirador que el mercado y la fábrica de latas en las que había estado empleado anteriormente. En cierta ocasión en que el jefe de redacción, Jorge Fernández de Castro, no podía escribir a máquina por tener lastimada la mano, el joven Cid tuvo la oportunidad de demostrar que él era capaz de redactar una noticia con fluidez y presteza. Fue de tal impacto esta prueba tan espontánea de su capacidad y disposición, que Fernández de Castro le ofreció la posición de reportero, bajo sus órdenes, pero para hacerla efectiva debía conseguir hacerle una entrevista al eminente escritor Enrique José Varona, cuyo rechazo a ese tipo de exposición publicitaria era proverbial. Unicamente el gran interés que tenía José Cid en lograr la plaza prometida, justificaba que a la mañana siguiente el joven iluso se apostara muy temprano frente a la casa del austero filósofo y esperara varias horas a que éste saliese de su hogar, para pedirle que le dejara hacerle una entrevista, a lo cual contestó negativamente Varona, como era de esperar. Cid, con esa sinceridad suya que le es tan característica, le explicó entonces la importancia que tenía para él hacer ese reportaje puesto que de ello dependía que pudiera hacer realidad sus ilusiones de hacerse periodista y ante tan honesta y cándida confesión, Varona pareció mostrarse más asequible y le dio una cita para el día siguiente. Cuando Cid regresó a la hora y día señalados, Varona le hizo pasar a su despacho y le entregó unos pliegos en los que había desarrollado las respuestas a las preguntas que supuestamente le había hecho el joven reportero. La única condición que le impuso fue de que no le revelase a nadie cómo había obtenido esa entrevista. De acuerdo a lo prometido, el reportaje salió bajo la firma de José Cid y fue de gran impacto en el ambiente periodístico el que Varona hubiera accedido a someterse al cuestionario, pero la promesa fue cumplida a toda costa. Para Cid significó el obtener la plaza que le había ofrecido y aprender una lección de generosidad del ilustre maestro, cuyo recuerdo mantuvo siempre unido al agradecimiento de sus ansias juveniles.

Como periodista le era mucho más fácil asistir a las funciones teatrales de la capital y de esa manera se relacionó con poetas, críticos, novelistas, compositores, actores y directores. En ese mundo intelectual se sentía el joven Cid en su ambiente natural. Era lógico pues que su vocación por las letras comenzara a tomar forma en algo creativo y escribe en 1925, a los 19 años, su primera pieza teatral: *Cadenas de amor* y presenta a un concurso que se celebra en España, una novela corta que tituló *Secreto de confesión* y que gana en 1926 el premio de "Mi Novela Semanal." Tiene una trama sencilla, con las complicaciones bien justificadas y el tono melodramático que se requería para que llegara a un público promedio que sólo está buscando entretenerse por un rato, sin embargo, en la misma resulta muy interesante fijarse en determinados detalles. Por un lado, hay ciertas circunstancias de la trama que se van a desarrollar con mayor profundidad posteriormente, en su pieza teatral *El doctor* que luego toma el nombre definitivo de *Y quiso más la vida...* Esas circunstancias son: la del niño que al nacer pone en trance de muerte a su madre y el cumplimiento de ciertos deberes que llegan a ser sagrados en las relaciones humanas. También, no podemos dejar de observar que en las ilusiones que se forja el padre para el futuro del hijo que acaba de nacer, prima la de propiciarle un destino como literato, con lo cual el autor está evidenciando sus propios anhelos.

El haber obtenido este premio, colma de alegría el entusiasmo de sus veinte años, pero lo enfrenta sin embargo a una dura realidad de la vida: el éxito conlleva envidia. Muchos de los que él consideraba ser sus amigos, resultan ser cáusticos enemigos que le critican y desconocen. Es ésta la primera experiencia amarga que tiene que sufrir y su decepción le hace meditar mucho y escribe lo que siente, lo que piensa, lo que atisba de la condición humana. Sus apuntes no llevan la intención de ser vertidos en libro. Es su tío José, hermano de su padre, quien financia la publicación del manuscrito que sale a la luz en marzo de 1927 con el título de *Pensando* y con prólogo de Gustavo Sánchez Galarraga, a quien el novel autor le reconoce haber guiado sus primeros pasos por el camino de las letras.[1] En el mismo, Galarraga señala que hay en este pequeño libro, "corrección y claridad en el estilo, gracia, sencillez y ligereza"[2] así como que muestra "claro talento en su autor y felices disposiciones literarias,"[3] pero lo que resulta muy interesante es que el prologuista destacara que en las frases cortas que contiene el texto se haga evidente que el arte que se percibe en el joven Cid sea "acompasando el corazón con el cerebro,"[4] pues ésta es una característica que se mantiene en toda su obra, como se verá cuando analicemos literariamente su producción dramática. Tampoco debemos pasar por alto la temática de este opúsculo porque se puede ver en ella la proyección de su pensamiento, que aquí queda tan sólo esquematizada hasta que adquiere forma y verdadera dimensión en su obra posterior. Sus primeros pensamientos son sobre la Vida y la Muerte; como lógico corolario, les siguen los que tratan del Amor y el Dolor; y luego, como en un abundamiento del amor, que es vida, piensa en la Mujer, en la Amistad y en la Patria.

Llevado del entusiasmo por ésta, su primera publicación, el joven escritor recuerda a quien le había facilitado sus inicios en las letras y le envía un ejemplar dedicado a Don Enrique José Varona, pero después se asusta de su atrevimiento y le escribe pidiéndole disculpas por haberlo hecho. Su carta se cruza con la del eminente patricio en la que le agradecía el envío y como resultado de esto, recibe una segunda carta de Varona, mucho más personal y alentadora.[5]

Cuando la Secretaría de Instrucción Pública y Bellas Artes convoca a un concurso literario para conmemorar el primer cuarto de siglo de la nación cubana, Cid presenta su pieza teatral *Cadenas de amor*[6] y obtiene con ella el Primer Premio Bodas de Plata de la República. El ambiente literario que se vivía en Cuba estaba buscando precisamente estimular a los nuevos valores a aceptar el reto de los tiempos, como se verá en el capítulo siguiente, por lo tanto, José Cid respondía al llamado de su época con entusiasmo y sincera vocación, y se une a su gran amigo y maestro Gustavo Sánchez Galarraga y a Ernesto Lecuona —nativo de Guanabacoa como él, que ya se había impuesto como ejecutante pero todavía no como compositor— e integran la Compañía Teatral Hispano-Cubana de Autores Nacionales con la cual montan varias obras en el pequeño escenario del Conservatorio Nacional de Música Sala Espadero, y entre ellas, la pieza premiada *Cadenas de amor.*

Su próxima obra de dramática es *Altares de sacrificio,*[7] que también gana premio en el Círculo Cubano de Bellas Artes en el año 31. La presentación de la misma en el Teatro Principal de la Comedia es digna de reseñarse por las circunstancias excepcionales que concurrieron en la misma. En el paseo de carnaval de La Habana del año de 1932, apareció —por tres domingos consecutivos— una hermosa volanta bellamente decorada que llevaba una muchacha vestida con todo lujo al uso de la época colonial y que portaba en algún discreto lugar el título de "Altares de sacrificio," sin hacer ninguna mención a que fuera referencia a la pieza teatral de Cid. A las tres semanas se despejó la incógnita al aclararse lo que motivaba el tema de la volanta y anunciarse el estreno de *Altares de sacrificio* en fecha próxima.

La puesta en escena que se hizo de esta obra fue digna de la expectación que se había creado con el anuncio de la misma. El arte escénico había llegado a alcanzar grandes logros dentro de la tendencia realista y tal fue la técnica que se siguió en el montaje y dirección de esta pieza. Así tenemos que, por ejemplo, la escenografía de la primera escena fue reproducción de la casa señorial de la familia de José María Chacón y Calvo que ocupaba un ángulo de la plaza de la catedral en La Habana; los muebles, eran antigüedades que habían pertenecido al viejo convento de las Clarisas de La Habana que había dejado atrás al mudarse al nuevo; el vestuario de los artistas así como las joyas que exhibían, eran piezas auténticas que algunas alcanzaban a tener más de cien años, y que habían sido prestadas por familias prominentes. Como dato curioso es de señalar que, como consecuencia, fue preciso requerir la custodia policiaca de las joyas para que éstas fueran transportadas diariamente de las arcas del banco al teatro y viceversa. El verismo que se buscó fue tal que trató de impresionar otros sentidos más allá del visual y así, en el Segundo Acto, al levantarse el telón, se logró obtener el ambiente conventual con un olor de incienso que provenía del escenario, una música de órgano que impregnaba de religiosidad todos los ámbitos del teatro y la semioscuridad que diluía los contornos. Estos efectos fueron resultado de tres meses de observación en los que Cid se dedicó a visitar diariamente el nuevo convento de las Clarisas, con permiso especial del Obispo, para poder percatarse de las características del mismo. Tampoco se pasó por alto que en la representación debían reflejarse las modalidades del habla peculiar de los negros esclavos en el siglo pasado y a ese fin, una antigua esclava de la familia Cid, de 112 años, se prestó a conversar con el joven dramaturgo, por varias semanas, para que éste pudiera reproducir expresiones o modismos propios de aquella época. Fue éste un esfuerzo en el que colaboró grandemente Sánchez Galarraga, el profesor de historia del arte de la Universidad de La Habana Luis de Soto que creó el vestuario de piezas originales y otros amigos de Cid que, como él, estaban luchando las primeras lides dentro de sus habilidades artísticas para lograr un nombre reconocido, como los pintores René Portocarrero y María Luisa Ríos.

Aunque la carrera literaria de Cid se inició de manera muy prometedora, éste no abandonó su formación académica a pesar de que las circunstancias políticas del país produjeran el cierre en dos ocasiones, de la Universidad de La Habana y estudió en ese alto centro docente las carreras de Filosofía y Letras y Pedagogía, primero, y más tarde la de Derecho, la Diplomática y Consular y la de Ciencias Políticas y Sociales. Este último título lo recibió a los 32 años, es decir, cuando ya estaba entregado de lleno a la dramaturgia, pero la capacidad de trabajo de Cid es incalculable. No es de extrañar pues, que para ese entonces estudiara por afán de conocimiento, hiciera teatro por vocación y desempeñara el periodismo como medio de vida.

Su actividad periodística se orientó en definitiva principalmente hacia la radio. Fue director de programas de la Comisión Nacional de Turismo y de la programación de teatro de la CMCD en la cual presentaba semanalmente una pieza teatral. Fue también director del noticiario de la CMQ y de la Compañía Cinematográfica Cubana. Las técnicas modernas de la radiodifusión habían abierto nuevos horizontes a una literatura teatral, escrita especialmente con el propósito de ser trasmitida por radio, y que por lo tanto tenía características muy peculiares que la distanciaban de la que llevaba un fin escénico. De esa manera, Cid estaba penetrando muy profundamente en una muy novedosa faceta del arte teatral que le abría infinitas posibilidades y en ese momento en Cuba se estaba experimentando en ese campo de muy distintas maneras, bien adaptando novelas o determinados capítulos de obras famosas a la producción radiofónica; bien haciendo bocetos de algunas figuras históricas o escribiendo guiones de manera que cada capítulo se pudiera trasmitir separadamente. Cid hizo su aporte a estos nuevos empeños con sus "Radioepisodios de la Historia de América," los cuales adaptó más tarde para el teatro y se estrenaron en el Anfiteatro de La Habana para el Primer Congreso Internacional Americano de Maestros en 1939 y posteriormente, para ilustrar el curso del teatro de títeres de la Universidad.

Es esa época de los años treinta y los cuarenta la de mayor intensidad en la producción de Cid. Escribe bocetos para la radio que después desarrolló como piezas dramáticas. Vuelve a experimentar en el género narrativo con su novela *Rebeca la judía* en la que trata de los prejuicios sociales que afectaban a la mujer hebrea. Esta obra recibió tan buena acogida en la comunidad hebraica que el Centro Israelita de Cuba le dio un homenaje.[8] Pero su interés sigue siendo siempre el teatro y concurre a los certámenes convocados por el Círculo de Bellas Artes los años de 1931, 32 y 34, obteniendo Premios Nacionales en los mismos. También de esta época es *La duda*,[9] publicada y estrenada en 1932 en la Sala Falcón y *Azucena*,[10] una pieza de teatro infantil, con la que obtiene el premio de 1934 y es estrenada el 12 de septiembre de 1943 en el Teatro Nacional con música de Gonzalo Roig y decorado de Luis Marquez, cuando ya el autor es padre. Recuerda éste con especial regocijo que más que la cálida acogida que le dispensaba el público asistente, le emocionó el reconocer entre los aplausos, la voz infantil de su hija reclamando que el tan celebrado autor era su padre.

Cid reconoce que nunca ha escrito teatro por obligación, sino por una fuerza interior que le impulsaba a hacerlo. Cuando sea el momento oportuno, al estudiar su obra dramática dentro de un contexto de análisis literario, veremos cuán frecuentemente se encuentra que en este autor su inquietud intelectual se proyecta hacia la circunstancia vital del hombre dentro del ámbito universal. Su capacidad reflexiva es extraordinaria y desde muy joven se ha acostumbrado a llevar al papel el impulso de su meditación, por eso, hace sus bocetos cuando siente la necesidad de expresar una reflexión. Ya hemos dicho en otras ocasiones que en Cid hay un filósofo escondido. Lo que pasa es que éste no se vuelca en ensayos sino en situaciones y personajes ficticios que le dan vida a su indagación racional. Luego, los ordena y les da estructura teatral. Esto explica que muchas veces haya una diferencia de varios años entre los distintos actos de sus piezas dramáticas. Tal ocurre por ejemplo, con *Y quiso más la vida..., Hombres de dos mundos* y *La rebelión de los títeres*.

En 1937 conoce a quien va a ser su compañera en la vida y en el arte, Dolores Martí Rico. Pudiera decirse que de cierta manera fue el teatro el que los unió. Dolores había terminado sus estudios en el Instituto de La Habana y en virtud de su impecable expediente académico había ganado una beca en la Universidad de Miami. Estando estudiando en dicha universidad, convocaron a un concurso entre la grey estudiantil, con motivo de la celebración del Día Panamericano, para premiar a la mejor pieza de teatro que se presentara. A la señorita Martí Rico la incitaba a participar, el premio en metálico que se ofrecía, pues había ciertos libros que le interesaban adquirir y que, de ser ella la ganadora, le evitaría el tener que pedirle a sus padres que le mandaran el dinero para los mismos, pero lo que la reprimía era el hecho de que la obra debía ser escrita en inglés. Quien la estimuló a presentarse como concursante fue el profesor J. Riis Owre de la universidad norteamericana, que había ya valorado el dominio de la lengua inglesa en la joven becada y no tenía duda, desde luego, en su capacidad para entrar en la lid con buenas oportunidades. Fue así que Dolores Martí presentó al concurso una pieza teatral en un acto inspirada en la vida del patriota costarricence Juan Rafael Mora Porras, que tituló "A Patriot" y que quedó en primer lugar. Estaba establecido que la obra premiada se presentaría como parte de los festejos del Día Panamericano y a esa ocasión concurrieron, entre otras personalidades del extranjero, los destacados intelectuales cubanos Juan Clemente Zamora y José Manuel Pérez Cabrera, para los cuales fue de gran satisfacción que fuera una joven cubana la que hubiera resultado triunfadora en un certámen literario en inglés, compitiendo con nativos. Mucha mayor fue la complacencia para Pérez Cabrera, quien había sido su maestro de historia precisamente, en el Instituto de La Habana. Cuando regresan a la capital de Cuba, estos profesores dieron la noticia a los periódicos del éxito obtenido en Miami por Dolores Martí, lo cual tuvo una gran resonancia en el ambiente intelectual. José Cid, que estaba muy al tanto de todo lo concerniente al teatro, recoge el dato en sus archivos, pero es un amigo común, Teodoro Cardenal, quien le habla de Dolores Martí Rico, ya que estaba interesado en que ella le tradujera al inglés una pieza teatral propia y se ofrece a presentársela, a lo cual accede Cid gustoso pues el amigo le ha aclarado que quien él creía que era una mujer ya madura —de acuerdo con la impresión que le había causado una caricatura de Armando Maribona que se había publicado en el periódico— era una hermosa joven de diecinueve años. En quince días se hacen novios y dos años más tarde se casan, el 15 de junio de 1939. Este matrimonio entre dos brillantes intelectuales ha sido altamente valioso no tan sólo para la alta cultura cubana, sino para la hispanoamericana, por los meritorios aportes que juntos han hecho como resultado de sus investigaciones.[11] A partir de entonces, ambos esposos van a compartir, además de la vida, los afanes del estudio y la investigación en el ejercicio de la carrera docente que les es común, y la identificación que se establece entre ambos es tal que hasta se unen en la creación dramática con *Biajaní*, inspirada en una leyenda siboney que conocen como resultado de sus eruditos estudios en las culturas precolombinas. Para la señora Cid es ésta su segunda incursión en el campo de la dramaturgia y no volverá a intentarlo de nuevo hasta 1977, ya en el exilio, con *La rebelión de los títeres*.

La Dra. Martí obtiene una cátedra de literatura hispanoamericana en la universidad de La Habana y el Dr. Cid enseña arte dramático en la Escuela Municipal "Alfredo M. Aguayo." En 1946 Cid da un curso en la Escuela de Verano de la Univesidad de La Habana que llegó a tener gran repercusión no sólo en Cuba, sino en el extranjero, pues se trataba de una técnica pedagógica muy nueva sobre la cual no se había indagado mucho hasta entonces. El título del curso era "El teatro de títeres en la escuela primaría" y el propósito fue el de mostrarles a los maestros el valor de las marionetas como instrumento educativo. Cid les enseñó a sus alumnos —que eran profesores de muy diferentes lugares y países— todas las fases del complicado arte, desde la manera de hacer y manejar los muñecos, hasta la de crear el ambiente en el cual los mismos habían de desenvolverse. El curso contenía tanto la parte teórica como la práctica, y así, en la propia aula donde se dictaban las clases, montó un teatro de títeres en el que ejemplificó la técnica y mostró una buena parte de las posibilidades que ofrece el arte de las marionetas aplicado al cuento, la farsa, la historia, etc. A esos fines, presentó escenas de la lucha por la independencia en la manigua cubana y de la comparecencia de Colón ante los Reyes Católicos y hasta montó una escena de variedades con unos pianistas que tocaban la "Danza macabra" de Camilo Saint-Saens. Todos estos cuadros escénicos se hicieron con un verismo extraordinario hasta en los más mínimos detalles.[12] El éxito de esta Sexta Sesión de la Escuela de Verano fue recogido por la prensa, que se hizo eco de la profesionalidad y alta calidad académica con que se llevó a cabo la misma.[13]

A fines de ese mismo año de 1946, los esposos Cid salen como peregrinos de la cultura, en un viaje a través de nuestra América, que va a durar un poco más de dos años. Su propósito inicial era instituir el teatro de títeres como medio auxiliar de la enseñanza en Honduras, Nicaragua, Costa Rica y Bolivia, a petición expresa de los gobiernos de dichas naciones. Esto era resultado del entusiasmo con que habían regresado a sus patrias respectivas, los alumnos de Cid de la Sexta Sesión de la Escuela de Verano de la Universidad de La Habana. Era por lo tanto, algo que honraba a Cuba tanto como al profesor Cid en lo personal.

El recorrido se extendió luego al resto de Suramérica. A Buenos Aires llegaron como invitados de la Comisión Nacional de Cultura de la Argentina y ambos dictaron conferencias en distintos organismos culturales. La Dra. Martí participó en un plan de transmisiones radiales por la Radio del Estado y dio varias conferencias en temas panorámicos de las literaturas cubana e hispanoamericana y en particular sobre Gertrudis Gómez de Avellaneda y Sor Juana Inés de la Cruz. José Cid ofreció un curso en el Seminario de Arte Dramático del Instituto Nacional de Estudios de Teatro que llevó por título el de "Teatro hispanoamericano de ayer y de hoy." En el contenido de este curso se pueden ver los cimientos de la monumental empresa en que actualmente están trabajando los esposos Cid, pues el tema llegó a entusiasmarlos a los dos y han unido sus esfuerzos y saber para la culminación de esta obra de cuatro volúmenes que, con el mismo título, verá la luz muy en breve y que va a ser el resultado de más de cincuenta años de estudio, recopilación y análisis de piezas teatrales y de datos sobre los autores y los elementos integradores del teatro en estas tierras de América, desde sus inicios precolombinos hasta nuestros días.

El viaje por la Argentina, como delegados de Cuba en el grupo de intelectuales hispanoamericanos invitados por la Comisión de Cultura, les dio la oportunidad de recorrer importantes ciudades del interior como Córdoba, Tucumán, Rosario y Mendoza y en todas ellas continuaron dando conferencias y recibieron en varias ocasiones el justo reconocimiento a su saber en universidades y centros culturales. Tuvo una gran acogida en la prensa local de las distintas ciudades que visitaron, la labor de los esposos Cid por estas tierras de América, pero la mayor trascendencia que tuvo para ellos este viaje fue que les representó una fuente maravillosa de enriquecimiento cultural pues en cuantos lugares estuvieron investigaron sobre la historia y condiciones del teatro y se acercaron a los nuevos valores, a veces, —muchos veces— ignorados en su propia predio.

El regreso a la patria fue en febrero de 1949. Como resultado inmediato de este recorrido, tan rico culturalmente, es que José y Dolores Cid escriben en las revistas *Carteles* de La Habana y *Nosotros* de México, una serie de artículos en los que bajo el título común de "Por los caminos de América," hacen acopio de su experiencia vital como viajeros y describen ciudades y panoramas con la candidez del visitante curioso y el amor que inspira en sus almas criollas la grandeza virgen de nuestro continente,[14] pero como investigadores de la cultura hispanoamericana, organizan el material que han acumulado en dos libros de consulta indispensables en el estudio del teatro y cultura hispanoamericanos: *Teatro indio precolombino* y *Teatro indoamericano colonial*. El primero de éstos, especialmente, tiene una importancia extraordinaria pues hasta entonces sólo había estudios parciales en la materia, pero con el *Teatro precolombino,* los Cid estudiaron esta manifestación de arte aborígen dentro de su evolución histórica y cultural, analizando con sumo cuidado las implicaciones que las lenguas náhualt, mayances y quechua pudieran tener en *El güegüense, El barón de Rabinal* y *Ollantay*, así como la significación de dichas obras en la literatura precolombina en general y el teatro en particular. Es éste quizás el libro más querido por ellos, aunque la crítica en general todavía no se ha dado la debida cuenta de la importancia sustancial que tiene. Los autores recuerdan a propósito de esta obra, dos anécdotas que les recompensaron los esfuerzos pasados. Una de ellas ocurrió en Mérida, México, en el Museo del Indio de esa localidad, a donde fueron llevados por unos amigos para que Don Alfredo Barrera Vázquez, gran erudito en materia indígena que había hecho estudios sobre la influencia de la lengua maya en Yucatán y traducido al español piezas del teatro maya precolombino, les hiciera un recorrido por el museo, como director que era del mismo. Cuando Barrera Vázquez llegó a la vitrina de los libros en exposición, señaló el *Teatro precolombino* de los Cid como el más importante que se había escrito sobre literatura aborígen y añadió que en su opinión era difícil que se superara en estudios posteriores, sin tener conocimiento del nombre de sus visitantes. Fácil es imaginar la satisfacción de los autores ante tan desinteresado reconocimiento, y la emoción de Barrera Vázquez ante el inesperado encuentro. La otra anécdota sucedió mientras ellos estaban de profesores en la Universidad de Purdue en Indiana. Allí concurrió a dictar una conferencia, invitado por el departamento de lenguas y literatura extranjeras, el gran narrador mexicano Juan José Arreola y cuando fue presentado a los Cid asoció sus nombres a los autores de ese libro cuyo valor él tenía en muy alta estima y en el colmo de su entusiasmo justificó que hubiera hecho ese viaje a Indiana a pesar de que se sentía enfermo, porque en los misterios del destino estaba el conocer personalmente a quienes él admiraba tanto por esa valiosísima contribución.

La vida de José Cid tomó entonces nuevos rumbos después de su viaje por Suramérica, pues su actividad como investigador fue extraordinaria. Participó como crítico de teatro hispanoamericano en la publicación de la *Enciclopedia delo specttaculo* de Roma; organizó sus materiales sobre la historia del teatro en Cuba republicana y se dedicó, con la colaboración de su esposa, a hacer esa antología crítica del teatro hispanoamericano que ya al fin está por ver la luz pública en cuatro tomos, y a la cual han dedicado los dos, interminables horas de estudio e investigación para su preparación. A la vez, hizo varias traducciones de piezas dramáticas del teatro universal[15] y regresó a la enseñanza, como profesor de la Universidad José Martí de La Habana y de la Escuela de Verano de la Universidad Nacional.

Un acontecimiento de gran interés en la carrera de José Cid como autor dramático, fue el estreno en La Habana de *Y quiso más la vida...*[16] el 8 de diciembre de 1951, en el Teatro de la Comedia, por la Compañía Magda Haller-Otto Sirgo, la cual seleccionó esta obra precisamente por su tema, para ser representada durante la semana del Día del Médico que en Cuba se celebraba el 3 del último mes del año.[17] La pieza produjo gran impacto en el público habanero porque en la misma se trataba de problemas de orden religioso, moral y familiar, y en la clase médica en particular, porque además admiró el tacto con que el dramaturgo había manejado el tema tan delicado de la ética profesional. Lo importante de todo ello fue que con esta pieza se hacía evidente que el teatro era un medio magnífico de transmitir un mensaje, cualquiera que éste sea, lo cual es una verdad bien sabida por los eruditos en la materia, pero que no se revela fácilmente a la generalidad del público. Por esa época se estrenó también, en Barcelona, España, otra de sus obras, *La comedia de los muertos*.[18]

La interrupción del proceso democrático en Cuba, hizo que José Cid saliera con su esposa hacia los Estados Unidos, el 10 de noviembre de 1960. En este país enseñó primero en Washburn University en Topeka, Kansas y luego en Purdue University, en Lafayette, Indiana, hasta 1972 en que se jubiló como Profesor Emeritus de ese alto centro docente.

Casi recién llegado, se presentó en la universidad de Kansas *Su primer cliente*,[19] en celebración del Día de Cervantes en 1961. Esta pieza se volvió a poner años más tarde en Ohio State University, con *La última conquista*[20] que había escrito en el exilio y se había estrenado en la Sala Prometeo de New York, el 28 de octubre de 1979, bajo la impecable dirección de Francisco Morín, con tanto éxito que después de estar un mes en cartelera, se tuvo que prolongar la presentación por cuatro semanas más. *Hombres de dos mundos*,[21] que es su obra más conocida por haber sido publicada en varias ediciones en Madrid y también en Buenos Aires, fue estrenada en inglés en Northwest Missouri State University, precisamente el 20 de mayo de 1968. Su más reciente producción dramática es *La rebelión de los títeres*,[22] cuyo texto aparece por primera vez, en este libro. El primer acto lo había escrito en 1939. También había escrito, hacía mucho tiempo, una narración corta con el título de "Anacleto, historia de un hombre vulgar," la cual había dejado olvidada, como aquel primer acto de *La rebelión...* hasta que en 1977 su esposa le propuso la idea de introducir la historia de Anacleto como complemento del diálogo del muñeco con su dueño y así fue que hicieron las adaptaciones oportunas para cambiar la naturaleza del texto narrativo a la del "Diálogo impar" y escribieron el "Bi-Monólogo II" como complemento de esa obra.

Actualmente los Cid viven en New York, jubilados como profesores pero tremendamente activos en las labores de investigación. José Cid se considera un hombre feliz porque ha podido materializar sus sueños de juventud como creador teatral y cumplir así las metas con que soñaba desde su adolescencia cuando en la dedicatoria de *Pensando* a sus padres y a Gustavo Sánchez Galarraga, les decía: "...yo espero que algún día, cuando madure más mi vida, cuando con la perseverancia de los estudios pueda dar frutos más sazonados, alcance a ofreceros cosa más peregrina y digna de vosotros que estas páginas nacidas al calor de mi mocedad inexperta, pero anhelosa."[23] No hay duda que efectivamente cumplió su promesa y dio cabal respuesta a la confianza que en él habían depositado sus mayores pero, lo que es más importante, contribuyó en gran medida a que el teatro cubano alcanzara el reconocimiento que le era debido, no sólo, como ya se ha dicho, por su participación como creador sino como promotor del buen teatro y erudito investigador del mismo. Para acreditarle esta labor en su justa medida es que en los capítulos siguientes vamos a analizar su obra, primero dentro del momento histórico en que se produjo y después, en su contexto literario.

NOTAS

1. José Cid Pérez. Dedicatoria de *Pensando*. La Habana, Pérez y Cía., 1927, 10.
2. Gustavo Sánchez Galarraga. Prólogo en José Cid Pérez, *Pensando*, 14.
3. *Ibid*.
4. *Ibid*., 15.
5. Reproducimos aquí el texto de las dos cartas de Varona. La primera tiene fecha del 1° de abril de 1927 y dice así:

"Muy distinguido señor mío:
Obligadísimo me deja V., al enviarme su obra "Pensando," por el obsequio en sí, y por el encomío generoso de las palabras con que me dedica este ejemplar.
Digno de loa me parece que un escritor tan joven se presente al público con un libro tan revelador de su pensamiento.
Soy su más at. s.s..."
Enrique José Varona.

La segunda es del 15 del propio mes y año y en ella se lee:

"Muy distinguido señor mío:
Tengo en mi poder su atenta del 11. Hace muy poco tuve el gusto de escribirle, acusándole el recibo de su libro.
No miro nunca con indiferencia el esfuerzo de un pensamiento juvenil que trata de sondear el misterio de la vida. ¿Con qué título? He vivido mucho, me he equivocado mucho, he dudado mucho. Eso es todo.
Siga V., pues tiene vocación, y no se preocupe sino en ser sincero consigo mismo. es lo único que vale realmente la pena.
Soy su at. s.s...."
Enrique José Varona

6. Esta obra fue traducida al catalán en 1927 por José Puigrós de Barcelona, y en 1982 al inglés por Marie E. Wellington, de Chicago, Illinois.
7. Esta pieza fue traducida al inglés como *Altar of Sacrifice* en 1982 por Patricia Tamara Alleyne en Port-of-Spain, Trinidad y Tobago.
8. *Rebeca la judía* fue adaptada posteriormente al teatro y traducida al yiddish en 1931 por Eliezer Aronoski y P. Benikar de Tel Aviv.
9. Fue traducida al inglés por Mary H. Jackson de Maryville, Missouri, con el título de *The Cursed Doubt,* en 1966.
10. *Azucena* tiene tres traducciones al inglés: en 1944 la hizo el Príncipe O.M. Cherenzi-Lind de Nueva Delhi en la India, con el nombre de *Honeysuckle*; en 1968,

Orlando Reyes Cairo, de Toledo, Ohio, con el nombre original y en 1982, Mary Howard de Indianápolis, Indiana bajo el título de *Lilia*. En 1948 fue traducida al francés por Pierre Salgado, de Buenos Aires, Argentina.

11. A propósito de la relación que se ha mantenido entre esta pareja excepcional, apareció lo siguiente en una reseña periodística: "Discuten, discrepan, pero se unen y el clima del hogar es una fuente de intensa regularidad del cariño y del buen sabor de la vida." Manuel García Hernández. "Compartir el arte en el matrimonio" (Ver bibliografía pasiva.)

12. Para este proyecto, el Dr. Cid contó con la colaboración del profesor auxiliar Guillermo Sánchez, de Luis Márquez para los decorados y de Ana María y Mercita Borrero para los trajes, según apareció en el vestíbulo del cine "Rex" de La Habana en donde se anunció el curso con el montaje de la escena "Colón ante la Corte," pero también su esposa fue una colaboradora entusiasta y cuidadosa de que las escenas respondieran fielmente a la realidad que se pretendía reproducir y el pintor Ramón Loy hizo las caras de los personajes históricos en la Escuela de Arte de San Alejandro.

13. El contenido del curso fue muy bien sintetizado en esta reseña periodística: "Treinta lecciones que abarcaron desde los orígenes del teatro, la tragedia griega, los títeres en la conquista de América, en el lejano Oriente, en Italia, en la Edad Media y el Renacimiento hasta el modo práctico de confeccionar el escenario y de formar los cuerpos y hacer los trajes." Ana María Borrero. "Trapitos" (Ver bibliografía pasiva.)

14. La lista completa de estos artículos puede verse en la bibliografía activa que aparece en este libro.

15. Las obras que tradujo fueron: *As Maos de Euridice,* del brasilero Pedro Block (1954); *L'Amica della Moglie,* de Luigi Pirandello (1956) y *L'Orchidea* de Sem Benelli (1958). Anteriormente había traducido *The Finger of God* del norteamericano Percival Wilde (1945).

16. *Y quiso más la vida* fue traducida al inglés dos veces: primero, en 1965 con el título de *Life is More Than Living* por Jane Chandler de West Lafayette, Indiana, y después, en 1971 por el Hermano Norman T. Gonsalves SS.CC. También había sido traducida al italiano como *La vita e più forti di noi* por Jole Scudiere Ruggieri, de Roma, Italia.

17. *Y quiso más de la vida* había sido estrenada en Buenos Aires en 1936 con el título de *El Doctor.*

18. *La comedia de los muertos* es la pieza más traducida de Cid. Al inglés fue traducida por F.O. Readon, de New York, en 1957; por John P. Dyson de Lawrence, Kansas, en 1963 y por Harry L. Stout de Lafayette, Indiana, en 1982. Al francés, por Catherine R. Moore de Grad, Francia, como *La comedie des morts* en 1981 y en ese mismo año al alemán como *Die komedie der toten* por Danielle Takla de Zurich, Suiza. En 1982 fue traducida al italiano como *La commedia del morti* por Adele Colella de Milán, Italia.

19. Esta obra había sido estrenada en Buenos Aires, en 1948. Fue traducida al inglés

por Mary H. Jackson en 1966 y por Kenneth Chastain en 1969, con el título de *The First Client*.

20. Esta pieza fue traducida al inglés dos veces: primero, en 1965, por Kenneth Chastain and Edward Mullen de West Lafayette, Indiana; y en 1978, por Marie E. Wellington, de Chicago, Illinois. En 1982 fue traducida al francés como *La derniere conquete*, por Christine Garrido de París, Francia.

21. *Hombres de dos mundos* fue traducida con el título de *Men of Two Worlds* por Mary H. Jackson de Maryville, Missouri, en 1966 y por Linda Kerr, de New York, en 1988.

22. Esta pieza fue traducida al inglés en 1977 por Mary H. Jackson, de Maryville, Missouri.

23. José Cid. *Pensando...*, pag. 10.

II

PANORAMA HISTÓRICO DEL TEATRO CUBANO DE INICIOS DE LA REPÚBLICA

Entre todas las manifestaciones de la cultura cubana, es el teatro el que menos logros ha alcanzado, no tanto quizás por falta de valor, es decir, por escasa calidad, sino porque quedó a la zaga de otros géneros, como la poesía, el cuento y la novela, que lograron lugares cimeros en el panorama de nuestro continente y en el universal. Los propios cubanos, entusiasmados por las grandes aportaciones que en esos campos conquistaba el pabellón nacional, hemos pasado por alto el hacer una investigación a fondo de nuestro teatro.

En primer lugar, es imprescindible distinguir de inmediato entre el libreto y el escenario. Bien es verdad que uno es complemento del otro, pero hay una diferencia básica que no podemos pasar por alto y es que el libreto, como es pieza de literatura, es una creación individual única en la que el dramaturgo plasma el elemento "persona" en su personaje, mientras que el escenario es una creación de conjunto en la que actores, directores, tramoyistas y demás se insertan en el otro elemento teatral básico, la "máscara," interpretando al autor, y así queda todo integrado como unidad en una sola expresión artística que llamamos Teatro. Quizás nadie haya podido explicar esto de forma más bella y sugestiva que como lo hizo Alfredo de la Guardia en su ensayo "Persona y teatro" cuando fundamenta que "el teatro es, sin duda, la más vital de las artes."[1] A tal punto es esto cierto, que es de general aceptación el hecho de que cada representación dramática es una en sí misma; es imposible reproducir ni la emoción expresada en un gesto o en la entonación de una frase, ni siquiera la secreta comunicación que se establece con el público; cada representación es, por lo tanto, un fenómeno social que puede reducirse a los simples términos de una experiencia compartida.

Con estas premisas en mente, tenemos entonces que, para estudiar el teatro en la Cuba republicana, habrá que tener en cuenta los dos elementos que lo integran de la manera antes expuesta: el literario y el de la producción teatral. Es lógico que el dramaturgo escribe para que su obra sea representada, pues es la manera de alcanzar la comunicación final con el público. Cuando sus personajes cobran vida ante el espectador, es que la siente realmente realizada y por eso el autor tiene siempre ciertos reparos a publicarla antes de que la pieza haya subido a escena.

Cuba inicia su vida republicana con el siglo XX y en el género dramático ese período es precisamente de grandes transformaciones. En el teatro europeo, las últimas décadas del siglo XIX habían reflejado las inquietudes intelectuales que respondían a los trascendentales cambios sociales que había experimentado el viejo mundo y se hacía evidente que tanto en la producción escénica como en la literaria, se establecían nuevos derroteros bajo el sello del realismo que como visión artística era la que mejor se avenía a las circunstancias sociales, económicas y políticas del momento. El pensamiento occidental se inclinaba hacia el cientificismo positivista y en materia de arte esa actitud se manifestaba en el afán de mostrar la realidad con acuciosa objetividad, tratando de evitar la sublimación de lo bello como había venido haciendo el romanticismo. Como lógica consecuencia, el mundo circundante atrapó la observación del artista, puesto que era lo que quedaba expuesto de manera directa a su ojo avizor y además se mostraba tan cambiante, tan provocativo a los incentivos de la imaginación.

Los dramaturgos franceses fueron de los primeros en adoptar la concepción realista. Alejandro Dumas hijo y Emile Augier trabajaron intensamente en esa orientación motivados por el propósito de elevar la conciencia moral del público al enfrentarlo al planteamiento de ciertos problemas cotidianos y hacerlo pensar en las consecuencias posibles. El tema de las diferencias sociales, bien fuera por razones de sexo o de status económico fue ampliamente tratado. La *Camille* de Dumas, versión dramatizada de su famosa novela *La dama de las camelias*, lo introdujo en el del matrimonio entre miembros de diferentes clases sociales. Este asunto fue tratado por él mismo con una perspectiva opuesta en *El medio mundo* y también por Augier en *El matrimonio de Olimpia*, y con más amplias dimensiones, ambos reincidieron en presentar en general, situaciones controversiales provocadas por dogmatismos sociales. Henrik Ibsen recoge esta influencia y marca un hito en la concepción del teatro moderno al acercarse a los problemas sociales con un propósito incisivo de crítica, tomando posiciones definidas; dándole vida a personajes de bien perfilados rasgos sicológicos, puesto que la mayoría de las veces eran reflejo de ciertos conocidos del autor.

Este movimiento de la dramaturgia europea no encontró mucha acogida en España debido a que la sociedad española no estaba preparada para aceptar los movimientos innovadores que se desarrollaban en el resto de Europa porque España había permanecido en una actitud marginada respecto al proceso histórico continental. La figura más sobresaliente sin lugar a dudas fue Jacinto Benavente, quien dominó la escena española de las décadas finales del siglo pasado y las iniciales de éste porque precisamente sus piezas traían ese sabor de "arte nuevo" que prevalecía en Francia y en el resto de Europa, y reflejaban un sentido de actualidad. La crítica fue a veces extremadamente severa al enjuiciar la obra de Benavente; le atribuían falta de pasión y de originalidad, pero quizás ello se debiera a que Benavente estaba consciente del público para quien escribía, pues en una carta dirigida a José Antonio Ramos que éste publicó a manera de prólogo de su *Liberta*, le dice: "Usted sabe que el público congregado en una sala de espectáculos hace gala de una moral de *vestir*, ese promedio de moralidad que viene sosteniendo el equilibrio de las sociedades muy a gusto de los que son corona del edificio y por lo mismo no pueden ver sin espanto al atrevido que se permite venir a hurgar por las bases."[2] Esta confidencia hecha por el autor mejor reconocido a un joven cubano que se iniciaba en las tareas teatrales, confirma el estado de inercia en que se encontraba la España finisecular y explica que existiera allí en esos momentos, un propósito evidente de los dramaturgos de no dejarse influir por las corrientes renovadoras que traía especialmente el teatro de Ibsen, las cuales habían sido para éste, causa de muchos antagonismos que el noruego enfrentó con desenfado y rebeldía.

Los hispanoamericanos, que iban a España —como fue José Antonio Ramos— a beber en las fuentes originales de la lengua materna, ansiosos de aprender y esperanzados en que alguna obra propia se pudiera representar puesto que allí había una actividad teatral que no existía en muchos de nuestros países, regresaban al lugar nativo, desencantados y frustrados. El panorama del teatro hispanoamericano, en general, era bastante desalentador. Seguía prevaleciendo la herencia española con marcado influjo de Echegaray primero y de Benavente después, en cuanto a lo literario, y respecto a la escena, estaba controlada por compañías extranjeras, españolas en su mayoría, que ya tenían su propio repertorio y por lo tanto era muy difícil que se pudiera representar alguna obra de autor local.

En la región del Rio de la Plata, sin embargo, se produce un fenómeno único: la explosión de un teatro autóctono que responde a las circunstancias sociales de esa zona, y que alcanza su mayor auge al intelectualizarse el teatro costumbrista que nació de *Juan Moreira* y llegar a su máxima expresión con Florencio Sánchez. Con Sánchez la realidad americana se hizo presente: tomó voz en el habla común del pueblo con su acento peculiar, y forma, en su fisonomía propia dentro del ambiente nativo. Sus obras trataban de problemas sociales rurales o citadinos que eran genuinos de su época y lugar y respondían en cuanto a técnica a las corrientes del momento que seguían los lineamientos de Ibsen y Hauptmann, entre otros. Sánchez hizo en el cono sur lo que Ibsen en el norte europeo. Como bien dice Solórzano, "Al atreverse el teatro a plantear y desenvolver conflictos reales e inmediatos, nuestros dramaturgos estuvieron en posibilidad de exponer los problemas más urgentes de sus respectivos países."[3]

El costumbrismo cundió rápidamente por la América hispana porque llevaba los ecos sonoros de la tierra y de la urbe nuestra pero respondía sin embargo a las corrientes que llegaban de Europa. Después de la Primera Guerra Mundial, el mundo occidental venció un tanto los atavismos culturales, y el plano de observación intelectual pasó del ámbito social al individual. De esa manera, el hombre del siglo XX fue tomando conciencia de su posición en el mundo y dándose cuenta que las fronteras geográficas ya no eran tan determinantes como antes; que los problemas sociales subsisten, pero que tanto como el factor telúrico, los condiciona una moral universal que determina la época. Es decir, que se fue produciendo una universalización de la cultura. Este proceso evolutivo se completó después de la Segunda Guerra Mundial cuando, como el propio Solórzano dijo: "Nuestros países son, por primera vez en su historia, contemporáneos de su tiempo. Sus pobladores afrontan, en términos generales, la misma problemática que todos los hombres de la tierra."[4]

Con estos antecedentes en mente, podemos entonces detenernos a estudiar el teatro en Cuba, que era parte integrante de ese mundo americano que se aprestaba a su vez a serlo del mundo occidental.

La corriente costumbrista del siglo XIX encuentra a Cuba tratando de librarse de las ataduras coloniales que ya habían roto las hermanas repúblicas y por lo tanto la libertad que implica la autoevaluación y crítica de los problemas contemporáneos, tal como se hacía en el resto de América, no la puede disfrutar. Los tiempos no son propicios para la producción teatral, pues la guerra justa de la independencia se impone como necesidad primaria a otros empeños, por lo tanto, la tendencia del costumbrismo toma el camino fácil del género chico y a través del él, bajo la protección de la ficción jocosa, se hace la crítica oportuna. Quizás esta circunstancia contribuyó a darle sello de identidad nacional a la sátira criolla cubana. A veces la crítica era bastante incisiva, como en las obras de Raimundo Cabrera. Bastaría recordar *Del parque a la luna* en donde aparece un periodista desesperado por la falta de libre expresión y *Vapor correo* en que criticaba a los españoles que venían a enriquecerse con el desempeño fraudulento de una posición oficial. Como acertadamente afirma Arrom, "el género chico criollo llegó a convertirse, durante este período, en la crónica teatralizada de los sentimientos y emociones del pueblo cubano."[5] No es de extrañar pues, que la furia de los voluntarios provocara el lamentable incidente del Teatro Villanueva, de tan triste recordación, en la presentación de *Perro huevero aunque le quemen el hocico*. Debido a estas circunstancias históricas, el costumbrismo no pudo producir en Cuba, como lo había hecho en el resto de Hispanoamérica y muy especialmente en la Argentina, un teatro representativo de la vida y costumbres populares.

Sin embargo, a la par de este teatro vernáculo de tono ligero, no dejó de sentirse la influencia de los dramas sociales de corte realista y naturalista que venía de Europa, si bien es verdad que las condiciones políticas de Cuba propiciaban que las obras cubanas tuvieran un tono ideológico de exaltación patriótica más acorde con el romanticismo y por lo tanto, la mayoría de ellas fueran puestas en escena o publicadas en el exterior. Así tenemos, por ejemplo, *Hatuey* de Francisco Sellén, de tono romántico, publicada en New York y *El mulato* de Alfredo Torroella, estrenada en México, de marcada intención abolicionista, que recoge el estilo de teatro de tesis de la época de Dumas hijo, por su tono didáctico, y por el tema, los de Emile Augier en los que se presentaba la supremacía de las clases superiores. Con técnica naturalista de trabajar en un caso de estudio tomado de la existencia cotidiana, merece mencionarse *La lucha de la vida* de José de Armas y Cárdenas, (Justo de Lara) estrenada con éxito en el Teatro Tacón. De esta época es también la fecunda producción dramática de Augusto Madam en las que demostró un buen dominio de la técnica teatral que estaba en boga, aunque en lo temático se apartó del ámbito nacional.

Con el advenimiento de la República, la situación teatral no cambia mucho. El ambiente político trae enormes incertidumbres económicas y sociales y el teatro se comercializa por lo folklórico, de fácil atractivo para un público no exigente que buscaba sólo el entretenimiento circunstancial y que estaba habituado a disfrutar del tono jocoso y ligero del teatro bufo. El teatro serio se producía eventualmente por compañías extranjeras que traían el repertorio adecuado para una gran figura estelar, y éste era mayormente español, con muchas piezas de Echegaray, los Quintero, Linares Rivas, Galdós, Benavente y algún clásico del Siglo de Oro. No es de extrañar pues, que en Cuba se manifestara fenómeno similar al que existía en los grandes centros europeos: falta de interés en la creación dramática. Desde luego, en el caso de Cuba, por coincidir esta circunstancia con el momento en que justamente debía nacer un teatro autóctono, la situación era terrible. En el panorama teatral tal como se presentaba, se hacía muy difícil que una obra de aspiraciones serias subiera a escena y mucho más que alcanzara una temporada en cartel, lo cual producía lógicamente que las letras cubanas se orientaran por otros géneros que no fuera el teatro. Entre esos esfuerzos esporádicos merece recordarse el de Alfonso Hernández Catá que se inicia en el teatro en 1904 con *Sin pie ni cabeza* y sigue en 1908 con su drama *Lo teatral*, y el de Eduardo Varela Zequeira con su drama *¡Expiación!* en 1907 y *Hogar y Patria* al año siguiente. Lo cierto es que en el mundo occidental se había producido en las últimas décadas del siglo XIX, con la compañía de Meiningen en Alemania y de Stanislavsky en Rusia, una tendencia del llamado "teatro moderno" a concederle a la actuación una importancia que hasta entonces no se le daba, y como resultado de ello habían surgido una serie de grandes actores bajo cuyos nombres se consolidaban compañías teatrales.

La situación era muy difícil porque esa evolución teatral había encontrado a Cuba sin repertorio propiamente nativo en el que pudiera volcarse el arte de los actores cubanos que surgirían. Pero había una élite intelectual que estaba consciente que era de imperiosa necesidad que se fomentara un teatro nacional de genuínas raíces cubanas y que para ello había que estimular la creación dramática, que en esos momentos era muy escasa. A José Antonio Ramos es justo considerarlo el padre del teatro nacional cubano por sus denodados esfuerzos en promoverlo. Aunque escribió algunas novelas, su principal interés fue siempre el teatro y a él se dedicó con toda la vehemencia de su carácter. Sus piezas han llegado hasta nosotros porque, haciendo caso omiso de los convencionalismos, las publicó sin esperar a que fueran estrenadas. Gracias a ello éstas se han salvado para la cultura cubana. Es lamentable que la mayoría de los que escribían en esa época no hubieran hecho lo mismo, pues hay muchas obras de autores diversos, que subieron a escena, de las cuales sólo han quedado recogidos los títulos en los programas, y a veces ni siquiera eso, como es el caso de muchas piezas de Marcelo Salinas, por ejemplo. La obra dramática de Ramos se muestra abierta a la influencia de las corrientes innovadoras europeas de fin de siglo y también al del teatro del Río de la Plata —especialmente el de Florencio Sanchez— y al norteamericano de Eugenio O'Neill. De esa manera sentaba las normas de lo que era procedente hacer pues era necesario —y él fue quizás de los primeros en comprenderlo— que se extendiera el horizonte hacia un teatro universal que fuera lo suficientemente sugerente para estimular la creación dramática en nuevos valores locales. A esos fines fundó con Bernardo G. Barros, Max Henríquez Ureña, Luis Baralt (padre), Ramón Catalá y otros, la Sociedad de Fomento del Teatro en 1910, para la cual contaron con la valiosa colaboración artística de Luisa Martínez Casado, cuyo apellido representa una tradición en la escena cubana, y presentaron obras de la Avellaneda y de José Martí con lo cual se quería sugerir que la semilla del teatro cubano ya había sido echada por nuestros antecesores. Aunque esta empresa no tuvo larga vida es innegable que alentó nuevos empeños. Para sustentar esto, bastaría tan sólo observar que nuestra historia literaria recoge el hecho de que en ese año de 1910 Tomás Jústiz y del Valle, profesor e historiador, se estrena como autor teatral con *La última esperanza* y en Santiago de Cuba Emilio Bacardí lleva a escena *La reconquista*. Estos mismos autores continúan sus empeños y al año siguiente Jústiz presenta *La victoria* y Bacardí *El abismo*, en 1912. En 1913, Enrique Gay Calbó estrena su comedia *El ayer* en Cienfuegos.

Continuadora de los propósitos de la Sociedad fundada por Ramos fue la Sociedad Pro Teatro Cubano de 1915, inspirada por Gustavo Sánchez Galarraga, Salvador Salazar, José María Chacón y Calvo, Erasmo Regueiferos y Lucilo de la Peña, bajo cuyos auspicios se montaron numerosas obras en el corto período de cinco años que tuvo de vida. Entre ellas se contaron varias de Ramón Sánchez Varona, que hasta entonces había mantenido inédita su obra, y a quien la crítica le ha reconocido ser uno de los más diestros dramaturgos de su época;[6] de Gustavo Sánchez Galarraga, de copiosa producción, de Salvador Salazar, Francisco Ichaso, y muchos otros. Este impulso alentador respondía a que para entonces ya en Cuba se habían asimilado los nuevos conceptos de la actuación escénica y habían surgido figuras prominentes de la escena, como Pilar Mata, Enriqueta Sierra, Alejandro Garrido, Marcelo Agudo, Pilar Bermúdez, Celia Adams, Soriano Biosca, Manuel Banderas y otros. Tal como ocurría en los más importantes centros teatrales de América, como Buenos Aires y México, en la Habana se constituyeron compañías teatrales de actores nacionales y hasta se organizaron funciones a través de la Isla para dar a conocer la producción dramática nativa. La vitalidad de la escena era tal que también se presentaron varias óperas nativas como *Seila* de Laureano Fuentes, *La esclava* de José Mauri Esteve y dos de Sánchez de Fuentes, *Doreya* y *El caminante,* la primera con versos de Hilarión Cabrisas y la segunda del poeta español Francisco de Villaespesa.

Tras estos esfuerzos iniciales, no faltaron otros que contribuyeran a tan justos anhelos. La celebración de las bodas de plata de la República dio ocasión a ello. El propio Sánchez Galarraga forma con José Cid Pérez, a quien ya encontramos de lleno en estas lides, y Ernesto Lecuona, una empresa teatral con el título de Compañía Hispano-Cubana de Autores Nacionales que puso en el pequeño escenario del Conservatorio Nacional de Música, obras de la Avellaneda, de Martí y de Céspedes junto con otras del propio Galarraga, de Sánchez Varona, Lucilo de la Peña, Salvador Salazar, Joaquín Aristigueta y otros, inclusive de Enrique Uthoff que, aunque mexicano, vivió mucho tiempo en Cuba. De nuestro autor se presentó *Cadenas de amor*. Esta iniciativa tiene el particular interés de que con ella se inician las pequeñas salas de teatro íntimo que por los años cincuenta ya habían proliferado con el nombre de "teatro de bolsillo."

Otra contribución importante a los fines de estimular la creación dramática en Cuba, fueron las convocatorias a concursos hechas por distintas organizaciones bien públicas o privadas, que dieron a conocer autores que de otra manera hubieran permanecido ignorados. *Tembladera* de Ramos, fue premiada por la Academia de Artes y Letras en 1916; la Comisión Nacional Cubana de Propaganda por la Guerra y Auxilio de sus Víctimas, presidida por Don Cosme de la Torriente, otorga premios en 1919 a *El héroe* de Sánchez Galarraga, *María* de Sánchez Varona y la zarzuela *El amor recluta* de Galarraga que es la primera obra musicalizada por Ernesto Lecuona; en 1922 se organizan unos Juegos Florales en Cárdenas en los cuales resulta premiado *El pasillo* de Carlos E. Formet y en 1927, con motivo de los cincuenta años de república, la Dirección de Cultura de la Secretaría de Educación creó un premio anual para la mejor obra dramática de autor nativo, cuyo primer lugar gana en ese año José Cid Pérez con *Cadenas de amor* y al siguiente Marcelo Salinas con *Alma guajira,* pero la inestable situación política impidió la regularidad que era de desear en la convocatoria. También el Círculo Cubano de Bellas Artes convocó a concursos: el primero en 1931, siendo Salvador Salazar presidente de la Sección de Literatura, obtiene el primer premio *Las Humanas Miserias* de Juan Domínguez Arbelo y en 1934, en que José Cid tuvo el honor de que dos obras suyas, *El Doctor* y *Azucena*, fueran premiadas. También recibió premio *El Conquistador* de Renée Potts. Como complemento a todo esto, visitaban la Habana reconocidas actrices extranjeras como la española Margarita Xirgú, que llegó a la Habana en 1924 y estrenó *La Sacrificada* de Sánchez Galarraga, y la argentina Camila Quiroga, a cuya sugerencia la pieza premiada de Marcelo Salinas cambió su nombre de *Charito* por el de *Alma Guajira*, en 1928. La compañía de la Xirgú hace un aporte muy importante porque trae de España el teatro de García Lorca y el de Casona, de amplia influencia los dos en el hispanoamericano en general y el cubano en particular.

Esta actividad teatral, que indudablemente indica un entusiasmo intelectual que se hacía eco de las transformaciones de la dramaturgia contemporánea, era recogida en revistas especializadas como *Anales del Teatro Cubano*, primero y *Alma cubana* después, debidas ambas al entusiasmo de Salvador Salazar y más tarde, en 1947, *Prometeo*, bajo el impulso de Francisco Morín, dedicada exclusivamente a la divulgación teatral tal como se hacía constar en la misma.

A la vez que se estimulaba de esa manera la parte literaria del teatro, surgía también el incentivo de superar la parte escénica del montaje y actuación, lo cual era indicio de que se había logrado crear una actitud receptiva a las innovaciones que en esa materia se estaban produciendo en la nueva centuria. No pueden pasarse por alto en ese aspecto, ciertos nombres como el de Salvador Salazar con su Institución Cubana Pro-Arte Dramático, organizada con sus alumnos y en la que llevaron a cabo el montaje de varias obras de teatro clásico español con algunas de autores cubanos; el de Juan J. Remos que también organiza a algunos alumnos suyos en la Academia Horti con el mismo propósito; y el de Luis A. Baralt con La Cueva y con la organización del Teatro Universitario, para el cual obtuvo la sabia dirección del profesor Ludwig Schajowigz, que había sido alumno en Viena de Max Reinhardt. También es preciso recordar que por entonces se fundó la Academia Municipal de Arte Dramático que es una de las primeras de ese tipo que surge en Hispanoamérica y que representa un paso de avance decisivo hacia la meta de crear actores nacionales que podrían sentirse identificados con la producción dramática nacional.

Es decir, que Cuba había sabido responder al llamado de los

tiempos en materia teatral, a pesar de que la circunstancia histórica de que haya alcanzado su independencia y estabilidad política cuando precisamente el género estaba sufriendo tantas transformaciones, le haya representado un freno en una más rápida y productiva evolución. Como ya he analizado en un trabajo anterior que titulé "El teatro cubano del exilio,"[7] en Cuba, antes de producirse la actual crisis, ya se había logrado echar la simiente del tan soñado teatro nacional y por eso, a pesar de todo, éste ha sobrevivido tanto en la isla, como en la Cuba errante y quimérica que es la que en definitiva mantendrá para el futuro una genuina libertad de creación teatral.

NOTAS

1. Alfredo de la Guardia. *Temas dramáticos y otros ensayos*, Academia Argentina de Letras. Serie Estudios Académicos. Vol. XXIV. Buenos Aires, 1978, 73-83.
2. Jacinto Benavente. Carta-prólogo en José Antonio Ramos, *Liberta* Madrid, Casa Vidal, 1911.
3. Carlos Solórzano. *El teatro hispanoamericano contemporáneo*. Vol. 1. Fondo de Cultura Económica, México, 1964, 7.
4. *Ibid.*, 11.
5. José Juan Arrón en *Historia de la literatura dramática cubana*, New Haven, Yale University Press, 1944, 68-70.
6. *Ibid.*, 81.
7. Esther Sánchez-Grey Alba. "El teatro cubano del exilio," *Círculo: Revista de Cultura*, Vol. XVI, 1987, 121-129.

III

LA OBRA TEATRAL DE JOSÉ CID PÉREZ

La producción dramática de José Cid Pérez responde en cuanto a técnica y temas a esa actitud suya de ser receptivo a las corrientes intelectuales de su época y a su posición inquisitiva ante los problemas psicológicos que confronta el ser humano en su diario vivir. Sus obras más representativas son aquéllas en las que el discurrir filosófico domina el contenido temático. Desde que se inició en la literatura —y esto lo hizo muy joven todavía— mostró inquietudes filosóficas, pues su primer libro publicado lo fue uno muy pequeño que sorprendentemente, dada la poca edad del autor, se llamaba *Pensando*. Luego, el teatro embargó su vida pero, lógicamente, siguió cuestionando las cosas humanas en un sentido trascendente. Algunas de sus piezas tendrán un fondo social: *Justicia* y *Estampas rojas*, pero en ellas no apunta soluciones a los problemas que presenta sino que expone situaciones de desamparo para llamar la atención sobre la mismas con el objetivo de promover la fraternidad humana. Su propósito conlleva cierta ingenuidad típica de su idealismo congénito, pero consideradas dentro de una versión totalizadora de su obra, sí denotan la presencia de una trayectoria temática que apunta a una permanente preocupación por los problemas humanos, bien sean los que crean las circunstancias sociales o los intrincados vericuetos de las pasiones.

En efecto, si hiciéramos un recorrido por las primeras obras de su producción dramática, nos encontraríamos que en *Cadenas de amor*, que ganó el "Premio Bodas de Plata de la República de Cuba" en 1927, se debaten problemas de índole social como el del repudio dentro de la comunidad y la familia que debía padecer la mujer que, como María Herminia, la protagonista de esta pieza, osaba ejercer una profesión liberal como la abogacía y de índole moral, en el caso de su primo Reinaldo que por no querer contrariar la voluntad de sus padres, que lo inducen al sacerdocio, rehuye oír el reclamo del amor terrenal. Este tema del derecho femenino a determinar su propio destino y el de las limitaciones que ciertos convencionalismos le oponían, resultaban ser propios de la época en que Cid empieza a escribir. Ya hemos visto en el panorama histórico, que eran temas universales que habían encontrado acogida en la literatura occidental.

43

En *Altares de sacrificio* el conflicto es más bien de índole ético al plantearse la disyuntiva de si debe o no abandonar los votos religiosos para reunirse con su bien amado, la joven esposa que, al creer muerto a su cónyuge en el cumplimiento de sus deberes para con la patria, buscó alivio a la soledad de su alma en el retiro conventual, como una manera de acercarse a Dios y acogerse a su divina misericordia. Se pudiera encontrar en el tema de esta obra antecedentes cervantinos en las novelas ejemplares "La española inglesa" y en "El amante liberal" puesto que en éstas hay el recurso de la muerte falsa para establecer el conflicto.

Alfredo de la Guardia considera que con esta pieza Cid ha cumplido con el compromiso artístico para muchos latinoamericanos de escribir un drama histórico y patriótico y que, una vez hecho, acomete la tarea de hacer una obra más suya, más personal, para la cual parte —según el crítico— de su concepto de que "el teatro no debe ser la exposición de una 'tesis' y tampoco el grito y el gesto de una arenga. Mas tampoco ha de ser únicamente, juego del ingenio, fuga de la fantasía, alarde intelectual y esterilizado."[1]

Efectivamente, las obras que siguen a *Altares de sacrificio* muestran un mayor dominio de la técnica y de las corrientes ideológicas que prevalecían en el drama universal. A partir de entonces es que se interesa en el llamado teatro de ideas y sus aportaciones al mismo entran a formar parte de un capítulo muy importante en el teatro hispanoamericano. Ninguna escuela en particular le ha dominado. El cabal conocimiento de todas ellas le ha permitido usar las distintas técnicas para lograr el impacto totalizador que toda creación artística demanda. Desde luego, hay en su obra ciertas características que le son peculiares. Así tenemos por ejemplo, que el recurso del tríptico que usó en *Hombres de dos mundos*, lo repite en cierta manera en *Y quiso más la vida...* pues cada acto pudiera ser considerado como pieza de un solo acto si tenemos en cuenta que en cada uno se hace el planteamiento de un conflicto que queda resuelto en el mismo. En efecto, en el primero se presenta el problema tan discutido y discutible del mejor derecho a la vida entre el niño y la madre en el momento del alumbramiento; en el segundo, se desarrolla un problema ético dentro de la profesión médica y en el tercero, uno de responsabilidad moral para con la Humanidad y de sentido de justicia para un joven galeno. También, en el manejo de sus personajes, es frecuente encontrar que coloca a éstos en situaciones claves en los que tienen que tomar decisiones trascendentales, con independencia del nudo que se ha planteado en la pieza. Un ejemplo muy evidente de esto sería otra vez *Y quiso más la vida...* pues dada su compleja estructura, los personajes se desenvuelven en distintos planos, pero también se puede descubrir en *Cadenas de amor* y *Altares de sacrificio*. Desde luego que esto prácticamente desaparece en sus piezas vanguardistas porque, como veremos, los personajes asumen funciones simbólicas. En cuanto al desarrollo de la trama, es algo común en Cid que superponga distintos planos de realidades. Esto lo usó en las dos piezas vanguardistas que contiene este libro: en *La comedia de los muertos* hizo coincidir el de la vida ultraterrena y el de la realidad común y en *La rebelión de los títeres*, el de lo real con lo fantástico, pero también en *Biajaní*, ha señalado la crítica que "Vida (hombre) y Teogonía (dioses) se van entretejiendo junto con leyendas y tradiciones."[2] Pero lo que resulta ser común denominador de toda su obra es esa conciencia razonadora que dialoga con el ser y el deber ser que inquieta constantemente la mente humana y que se atisba desde sus piezas iniciales. El teatro es para él su mejor manera de expresión pues "el Teatro es vida real justamente, y en ella, todo, absolutamente todo, tiene un valor estético indudable"[3]. Esto lo dice Cid por boca del autor ficticio que pretende poner en escena su pieza en *La comedia de los muertos*. Es muy fácil descubrir en este personaje al autor real que está manejando los distintos planos de la ficción y por eso a través de este ser imaginado podemos conocer algo del autor concreto. Más adelante nos dice, abundando en el concepto anterior, que el Teatro es representación de "una parte de esa comedia humana en el espacio limitado de un teatro y de un tiempo prudencial" (110). Si seguimos por este camino nos encontramos por fin al artista confesándonos que escribe porque siente la necesidad de hacerlo y definiéndose al decir que el creador no hace más que reelaborar ideas y conceptos expresados ya en otra forma en el pasado, porque "en el mundo no hay nada nuevo" (113), todo ha sido ya dicho de una u otra manera. Y por fin, con cierto sentido unamuniano admite que todo creador, cualquiera que sea su arte, tiene la esperanza de sobrevivir en su propia obra.

En *La duda* presenta en una pieza de un solo acto, el tema de un amor de juventud frustrado que después reitera en *La última conquista*, como veremos más adelante, pero con una perspectiva completamente diferente. Aquí el amor que Hugo siente por su novia es único y perdurable a tal punto que renace en la hija de aquélla, fruto de la traición. El conflicto moral se plantea entre las dos víctimas inocentes del acto culpable: Martha, por ser hija de madre casquivana, se la

45

supone de la misma condición y Hugo, aunque trata de ignorar esto, no puede en definitiva resistir la duda que un alma despechada siembra en él. Es una pieza muy corta, de una sola escena, pero de gran fuerza lírica a la que contribuye en gran medida el ambiente marinero y remoto en que se desarrolla. El diálogo responde muy bien en su intensidad y pasión al momento decisivo que viven los personajes. En ese instante, como resultado de sus palabras, se van a decidir sus vidas y en definitiva, Hugo se va en su "Alondra" que más que su barca parece el llamado del viento, y Martha se queda a llorar su destino de infelicidad.

También de un hondo contenido lírico es *Azucena*, cuento infantil escenificado en siete cuadros, que se estrenó en el Teatro Nacional con música de Gonzalo Roig. En esta pieza crea un mundo de ilusión en el que los niños encuentran sabios consejos y a los mayores les hace "olvidar el presente que no es más que una pena, una lágrima, un dolor..."[4] según concluye en la moraleja del mismo. En esas bellas palabras confirma su concepto de la vida tal como se ha manifestado en toda su obra: la vida es así y hay que aceptarla como es.

Pero es dentro de su teatro de ideas, donde encontramos las obras más importantes de Cid Pérez porque logra integrar al espectador o lector, según sea el caso, sin afectar la "teatralidad" de la pieza. A veces esa integración se hace obvia, como en *La comedia de los muertos* que requiere la presencia de actores situados entre el público; otras, como en *La rebelión de los títeres*, el personaje titiritero pasa a ser espectador él mismo, pero aunque no usara esos recursos técnicos, lo que nos llama a ser copartícipes de la trama planteada es que sabe tocar los resortes más íntimos del alma humana y quien lee u oye reconoce en las cuestiones que se debaten en escena sus propias angustias, sus mismas dudas, sus sueños y sus desengaños. Hasta ese punto sí es Cid un autor realista como muchos lo consideran, pero es el suyo un realismo que apunta a la espiritualidad del hombre y lo contempla en la grandiosidad de su condición humana.

Hombres de dos mundos es una de sus piezas más conocidas. Es un tríptico. Cada parte pudiera tener vida por sí misma, sin embargo la pieza no pierde unidad. Al terminar el segundo acto nos damos cuenta de que ésta existe por la circunstancia paralela de una criatura que no aparece en escena pero cuyo grito "¡Mamá, tengo miedo!" evita que se consuma una situación de rompimiento familiar. No hay ningún otro indicio de relación entre estos dos actos: uno se desarrolla en La Habana, otro en París; los personajes son distintos; en el primero el grito infantil hace reaccionar al hombre que estaba a punto de quebrantar la confianza de un amigo, robándole a su esposa; en el segundo, a la madre que, herida en su dignidad de mujer, iba a castigar con la muerte la infamia que había hecho con ella su marido. En el tercer acto Cid plantea una coincidencia posible: pasado el tiempo, aquellos dos niños se conocen de adultos y se establece entre ellos una inmediata corriente de simpatía motivada por una extraordinaria afinidad espiritual que se hace patente a través del arte que cada cual ejerce, pues "El" es pianista y "Ella" pintora. Es entonces que la pieza queda estructuralmente cerrada pues han convergido en este punto los dos elementos que le habían dado unidad inicialmente, como antes apuntamos. El dinamismo de las dos primeras partes se pierde y en su lugar predomina un discurrir teórico a través del cual se va a desarrollar el tema central de la obra que es sugerido en el título de manera un tanto enigmática: los seres humanos logran identificarse sólo cuando comparten los mismos anhelos y son capaces de soñar los mismos sueños; esto los hace pertenecer a un mismo mundo, y los que piensan y sienten distinto pertenecen a otro mundo, ni mejor, ni peor, tan sólo distinto. Cid habla entonces, a través de sus personajes: hace crítica social, analiza la condición humana en general y la del cubano en particular, evalúa con conocimiento en la materia, lo que es el arte, penetra en la naturaleza de la genuina creación artística y hasta apunta con matiz irónico al mundo pseudo artístico que con falsas pretensiones intenta suplir el genuino talento. Sin embargo, el interés no decae debido al contenido tan humano del diálogo. Se puede atisbar en esta obra cierto acercamiento a la tesis borgiana de que cada vida está abierta a una multiplicidad de posibilidades que a su vez engendra un número infinito de consecuencias que en sus confluencias aumentan geométricamente la incertidumbre del devenir humano.

Dentro de la misma tendencia intimista, está "*Y quiso más la vida...* pues, a la manera de Chejov, crea una atmósfera de tensiones emocionales muy bien urdidas. Los elementos que maneja son formidables a ese efecto. Por un lado, el amor de madre se pone en juego en dos niveles: en el de la madre joven que sólo ha disfrutado la anticipación de serlo durante los meses de gestación y para la cual su hijo es futuro, es sueño, es ilusión y en el de la madre de hijo adulto que ya ha vivido las alegrías y los pesares que todo hijo trae consigo y para quien éste es reflejo de sí misma y puede representar —como es el caso en el Dr. Alvarez de Mendoza— realidad plasmada a imagen y semejanza del padre que le dio el ser. Junto a ese aspecto de la maternidad se debate paralelamente otro muy interesante en Angélica y Elisa que, como madres, quedan situadas en posiciones extremas. Ese otro aspecto es el de esposas. Elisa es viuda; su marido fue un eminente médico cuyo prestigio dentro de la misma especialidad ha sabido mantener su hijo Diego que venera y admira el recuerdo de su padre; es decir, que para ella, su hijo representa además el ver plasmadas en él las esperanzas que alentó junto a su marido de que éste tuviera un digno sucesor en el vástago. Angélica ama a su esposo; lo comprende y trata por todos los medios de impedir que se desacredite su buen nombre revelándose de que está equivocado en el diagnóstico de la epidemia infantil que él insiste en desconocer. Para lograr esto hasta acepta el sacrificio generoso del Dr. Mangler de que le salve la vida a su pequeño sin descubrir que ha sido el suero descubierto por éste el que ha producido la cura definitiva, pero lo que ella no puede admitir es que se ponga en juego la vida de su propio hijo ni la de otros niños por mantener la vanidad profesional de su marido. Sus principios morales la inducen a rechazar la situación que su amor de esposa y de madre ha creado y de ahí que se debate en ella una lucha interior que es la que crea el nudo central de la obra. Este personaje está muy bien configurado: como madre, prefirió que se salvara la vida de su hijo a costa de la propia si era necesario decidir entre las dos; como esposa, trató de salvar su matrimonio ocultándole a su marido la verdad de su derrota y como ser individual toma una dimensión realmente trascendente, pues entran en juego todas las facetas de su personalidad y el problema de conciencia de ser partícipe de una injusticia, pero prevalece lo más intuitivo de ella, lo más primitivo y más esencial de la mujer: el instinto maternal que da protección a todo niño por el solo hecho de su inocencia.

Como si esta lucha multidimensional de estas dos mujeres no fuera suficiente para mantener la tensión dramática, Cid le da mayor realidad e interés a la trama colocando a los demás personajes dentro de otro plano conflictivo que se desarrolla casi al margen, aunque mantiene desde luego, las tangencias necesarias para darle unidad a la pieza. Este otro plano es de contenido ético y profesional. Así como hizo con las madres, Cid establece tres planos generacionales de médicos. Al Dr. Ansola se lo describe como "un viejo de aspecto simpático, delicado, tierno, un hombre muy humano."[5] Esto lo corrobora incidentalmente cuando comenta con su amigo que la mayoría de los niños que ayuda a nacer "se los deben" sus padres porque son muy pobres.[6] Ha sido profesor de Mangler y de Alvarez de Mendoza, pero a éste le está personalmente agradecido porque curó a su nieto en una ocasión en que estuvo gravemente enfermo. A Diego Alvarez de Mendoza no se le describe físicamente. Tiene 36 años y ya disfruta de un prestigio profesional que aunque él reconoce que le sirvió de mucho la gran carrera que hizo su padre, está convencido que sus propios méritos también han contribuido al reconocimiento que se le dispensa. Su gran ilusión es tener un hijo para que continúe la tradición familiar de ser un eminente médico de niños. Esto sería justo y comprensible si no lo hubiera convertido en una obsesión que le hace faltar a todos los principios humanos y fallar como esposo, como médico, como maestro y hasta como padre e hijo, pues al saber la verdad no sintió agradecimiento por quien le había salvado a Luisito y tuvo para su madre un cruel reproche, porque sólo pensó en sí mismo, en su descrédito y en su verguenza. El Dr. Mangler es completamente opuesto a Diego Alvarez de Mendoza. La vida ha sido cruel con él. Tuvo la desgracia de que su madre muriera al nacer él y por negligencia de una niñera quedó jorobado como resultado de una caída que le fracturó la columna vertebral. Su familia tuvo contratiempos económicos y él estudió con muchos sacrificios. Se dedicó a perfeccionar un suero para curar una terrible epidemia que estaba afectando a los niños y cifra en esto su éxito profesional, pero el único que le niega el reconocimiento es precisamente Diego.

Como médicos han quedado definidos dos tipos: Ansola y Mangler son los investigadores que se plantean la duda y buscan la prueba para sustentar su opinión. Pertenecen a dos generaciones distantes y por eso estos personajes son representativos de la clase médica responsable. Alvarez de Mendoza es el intransigente, el obstinado, el engreído de su propio saber que se niega a ver lo que para los demás es evidente. Es el caso excepcional, pero como responde a posibilidades humanas, es totalmente verídico como ente de ficción y responde por tanto a una realidad posible. A propósito de este personaje, Alfredo de la Guardia señala que indudablemente "enlaza la obra, sin menoscabo en la originalidad de la anécdota, con una rama del teatro muy tradicional."[7] Otro plano que queda establecido es el del maestro. Ansola lo ha sido de los dos y Alvarez de Mendoza, de Mangler. Ansola muestra para sus ex-discípulos, una actitud paternalista. En cierta ocasión intercedió por Diego para que un compañero suyo, envidioso de su magnífico expediente, no lo perjudicara; de la misma manera y tras iguales propósitos, intercede ahora con éste por Mangler. Sin embargo, en Alvarez de Mendoza no se reconoce ningún

49

vínculo afectivo hacia su antiguo alumno. Por el contrario, le suspendió la última asignatura que le faltaba para graduarse porque sabía que Mangler se interesaba en su misma especialización y le negó su apoyo cuando éste acudió a él, como autoridad en la materia, en busca de consejo científico.

Es innegable que en esta obra hay que admirar con qué maestría Cid cinceló sus personajes en la fragua de sus luchas interiores. El título tiene también un gran contenido multidimensional aunque queda justificado en la escena final en el discurso de Angélica que cierra la pieza, pero es también aplicable a Mangler que admite tristemente que la vida se ha reido mucho de él y que lo ha hecho un desdichado. El mensaje queda pues, claramente expuesto: la vida pide; la vida exige, pero hay una voluntad inmanente que maneja las cuerdas del destino, que es Dios. Esta idea toma forma simbólica en *La rebelión de los títeres* que estudiaremos más adelante.

A Cid le interesa el hombre como parte integrante del mundo y por ende sus conflictos espirituales los estudia con peculiar interés. Con ello se muestra plenamente identificado con ese teatro intelectual de conflictos psicológicos que encontró tanto eco en el teatro francés a fines del siglo pasado y que en España desemboca a través de Unamuno, Valle Inclán, Lorca y Casona. Llevado por el entusiasmo del tema y quizás un tanto por las influencias de la época de atenuar las durezas del realismo con una inclinación subjetiva a la manera de Chejov, Maeterlinck o D'Annunzio, se aleja en cierta medida de aquél y se acerca a la vanguardia en dos de sus obras a nuestro entender más fundamentales, *La comedia de los muertos* y *La rebelión de los títeres*, cuyos textos se incluyen en este libro, y que analizaremos en el capítulo siguiente.

En *Biajaní* vuelve a contar con la colaboración de quien ha sido la más eficaz compañera de todos sus empeños, su esposa Dolores Martí. Los dos han dedicado laboriosos años de estudio al pasado indígena hispanoamericano y proyectan esos conocimientos en esta pieza que se inspira "en una leyenda siboney cuya autenticidad no se ha podido confirmar a pesar de las investigaciones...pero que por bella merecería ser verídica"[8] según dicen en el prólogo, que forma parte de la pieza y en el cual se hacen pertinentes aclaraciones en cuanto al léxico empleado —anticipando quizás posibles críticas al respecto— y a la música que es un elemento que se usa, como la luz, con cierto sentido expresionista y la poesía, o lo poético, por decirlo mejor, impregna la historia desde el principio hasta el final. Efectivamente, tal como hacen constar en este prólogo, "no se trata de una pieza teatral al modo tradicional, ni con innovaciones drásticas de vanguardia."[9] El expresionismo de ella sí es evidente y lo más "drástico" es que hay algo de teatro épico —el cual estaba en pleno apogeo en esa época— en las evocaciones de Hatuey, Carlos Manuel de Céspedes, Maceo y Martí, que deben aparecer en determinado momento del séptimo cuadro.

El personaje principal es un joven poeta, hijo de cacique, a quien los dioses le han señalado un destino áspero y duro. Resulta muy curioso que, aunque esta obra fue escrita en 1944, cuando nada hacía presentir que la historia de Cuba tomase el rumbo que ha seguido, los Cid le dieran a esta figura simbólica del pueblo cubano, destino similar al que la realidad ha señalado, pues el dios Atabex le dice a Biajaní: "...debes abandonar a los tuyos...te acosarán muchas vicisitudes...Nunca podrás ser feliz en estos lares...Allá, a lo lejos, ...morirás un día fecundo para tu pueblo pero ha de ser a manos de otros dioses, distintos de los tuyos."[10] El destino asignado a Biajaní se cumple, pero como mortal ha de conocer el amor, la gloria, la duda y el dolor junto a Guatinín, su fiel compañera. La acción se mueve a través de ocho cuadros que, como si indicaran ritmo de tambor, se van cumpliendo en ellos los pasos necesarios que conducen a la inmolación final, pero sin que la tristeza de lo irremediable enturbie la alegría del deber cumplido. Predomina en la historia un sentido ético que le imparte solemnidad al acontecer inevitable, pero a la vez se mantiene un sabor humano que se enaltece por el amor que se manifiesta en distintos niveles: el amor de Dios hacia el Hombre, el amor humano entre padres, hijos y esposos y el amor a la Patria, que justifica todos los sacrificios.

Después de estos ensayos que lo acercan al vanguardismo, Cid regresa a la técnica realista con *El primer cliente*, paso de comedia en un acto, inspirado en un chiste norteamericano y en *La última conquista* su obra más reciente, de un solo acto, escrita en el exilio, en la que escoge la figura mítica del don Juan para someterla a los rigores de un análisis intelectual. En ella se presenta el problema tan humano del hombre seductor que comprende que su momento ya ha pasado. El elemento tiempo tiene en esta pieza una funcionalidad muy especial, pues el personaje tiene características que le son atributivas porque el tiempo, actuando en una dimensión estática, lo ha consagrado como prototipo, sin embargo, en una dimensión dinámica, el tiempo precisamente, extingue como tal la figura del seductor de mujeres; lo convierte en una mascarada, lo destruye. Dentro de esa perspectiva es que Cid sitúa a su don Juan de *La última conquista*; ya tiene más de cincuenta años y algunas arrugas evidenciadoras y por eso le teme a la luz porque puede romper la ilusión de la muchacha de 18 años a quien quiere impresionar. El factor engaño subsiste en la conquista; lo que ha perdido el don Juan es la confianza en sí mismo, porque en definitiva, el Don Juan de Tirso y de Zorrilla engañaba a sus víctimas, pero éste se engaña a sí mismo. Es decir, que lo que Cid está presentando es el enfrentamiento del mito con el individuo, o lo que es lo mismo decir, de la proyección estática con la realidad dinámica.

Los elementos del mito se mantienen hasta cierto punto, dentro de lo posible. Miguel no es criado pero por amistad le ayuda en los preparativos de la cita y cumple la función de tal personaje en cuanto que es quien le pone en evidencia a Pedro de lo absurdo de su vida y le advierte de la posibilidad de que la supuesta víctima de cortos años sea en realidad una mujer calculadora que tenga por mira la buena posición económica de su pretendiente. Cid no puede dejar pasar la oportunidad de hacer evidente una vez más su concepto de que la vida presenta una multiplicidad de facetas en cada una de las cuales se encierra un misterio, pues el mundo de las posibilidades es infinito. Recordemos que en situación semejante de relación amorosa entre un hombre de muchos más años que la mujer, el Hugo y la Martha de *La duda*, presentó el caso de un amor sincero por parte de ella a pesar de que las condiciones y los antecedentes de la situación planteada podían inducir a pensar que no fuera así. No es que Cid deje abiertas posibilidades, sino que sus obras siguen caminos diferentes. En *La duda* Martha rechaza a Hugo no porque lo haya dejado de querer sino porque, ante la intriga de la que le hicieron víctima, él no reaccionó con la confianza que corresponde a un verdadero amor y por lo tanto ella pudo pensar que a quien él quería en realidad no era a ella sino al recuerdo idealizado de su madre que había tomado forma en sí misma, es decir, que la duda que indica el título funciona para ambos personajes y es así fuerza suficiente para la separación. En *La última conquista*, sin embargo, la joven con quien Pedro tiene cita es sólo un elemento más para configurar al personaje dentro de su condición de seductor inveterado, y sus razones para aceptar a Pedro pueden quedar expuestas a las interpretaciones que se quieran, bien que se justifiquen por inocencia o por interés. En esto la crítica ha sido demasiado severa a veces con las mujeres que pasaron por la vida de Don Juan pues las han llegado a suponer más que víctimas, aprovechadoras de la audacia de Don Juan para faltar a sus deberes de honestidad. Sólo Inés queda a salvo casi siempre de interpretación malévola, porque logra salvar al pecador por el amor. En la obra de Cid se transforma su figura con tonos de modernidad y se hacen más recios los contornos de su personalidad. Mariana había sido el gran amor de Pedro o, mejor dicho, "el amor," ése que pasa sólo una vez en la vida de cada cual, pero éste no lo supo reconocer y lo perdió para seguir una vaciedad de conquistas supérfluas, "un deambular por el mundo" como el propio Pedro describe su vida. Mariana no lo reprocha pero lo enfrenta al tiempo dinámico que trae su destrucción. No son los años los que han pasado, es la vida: "Lo que pasa sin darnos cuenta, con los años, es la propia vida,"[11] le dice. Le habla serenamente. No desde la muerte, como la Inés del Tenorio, sino con el aliento de la vida que se siente a plenitud. Casi se pudiera decir que se confunde en ella la función del Comendador por aquello de que le hace la evaluación moral de su conducta pecaminosa. No busca como Inés la unión eterna con el ser amado; no correspondería a la circunstancia en que se desarrolla la obra (época actual, en New York). Ella ha hecho su propia vida y el amor que sintió por Pedro una vez, se ha transformado en amistad, en afecto sincero que éste interpreta erróneamente creyendo que se puede reanudar la relación amorosa que quedó trunca en la juventud. Como en el final del *Don Juan* de Zorrilla, ella le extiende la mano que representa un símbolo de salvación espiritual, de contenido religioso en aquél, de recuperación moral en éste. Al estrechársela, Pedro está admitiendo como cierto lo que le dice Mariana que su encuentro significa "...la última conquista...el encuentro consigo mismo. El saber qué ha sido su vida, cuál es su presente, cuál es su futuro."[12] Representa además la unión entre esas dos almas que se amaron, en una fusión de amistad "de siempre y para siempre,"[13] como son las palabras concluyentes de ambos personajes.

En cuanto a técnica, *La última conquista* cumple con las limitaciones que requiere toda pieza en un acto. Está dividida en dos partes, que el autor llamó "momentos." En el primero surge el conflicto, que como es de naturaleza psicológica, se plantea en el diálogo que sostienen Pedro y Miguel. En el segundo, con la entrevista con Mariana, Pedro encuentra respuesta a la inquietud emocional que su amigo había propiciado. En la transición entre los dos momentos, Cid emplea la técnica del monólogo interior, tan usado en la narrativa contemporánea, para mostrar el estado emocional en que se encuentra el personaje. Los recursos técnicos a que acude son simplemente fragmentos muy bien escogidos, de las observaciones que le había hecho su buen amigo Miguel y "una música serena y tranquila"[14] para indicar el cambio, no tan sólo de escena sino de actitud mental en Pedro. Estos atisbos vanguardistas no son frecuentes en el teatro cideano que se caracteriza más bien por su realismo, pero tampoco le son extraños. Por el contrario, cuando abordó el vanguardismo produjo dos de sus obras más fundamentales. Quizás la libertad que esta técnica le producía, le permitió dar rienda suelta a su mentalidad tan altamente razonadora y ahondar en los intrincados caminos del alma humana desde una perspectiva distante, como si no fuera él mismo parte de ese mundo que contempla.

Pero volviendo al análisis de *La última conquista,* vemos que esta obra muestra ciertas afinidades respecto al tratamiento del tiempo con algunas piezas del dramaturgo inglés John B. Priestley quien hizo varias exploraciones en la materia, subyugado por las teorías de John Williams Dunne y Peter Demianovich, conocido por Uspensky, quienes realizaron serias investigaciones en el campo de los sueños y el espiritualismo, así como con el francés Henri-Rene Lenormand con el que lo une la inquietud filosófica de la búsqueda de la verdad. En *La comedia de los muertos* y en *La rebelión de los títeres* también Cid plantea que el hombre se debate entre la verdad y la mentira. En *La última conquista* encontramos que su personaje Pedro también libra esa lucha cuando comprende que la realidad de su madurez no le permite seguir viviendo la mentira de su donjuanismo.

Lo que pasa es que Cid usa la incógnita de la vida como elemento integrador de sus dramas. De esa manera, en *Hombres de dos mundos* acomete con éxito un tema muy difícil porque presenta las posibilidades infinitas que de manera misteriosa se cumplen para reunir almas afines, a pesar de que para lograrlo tuvo que romper con las tres unidades tradicionales de acción, tiempo y espacio pues únicamente así era posible lograr la vastedad del concepto vida. En *Y quiso más la vida...* se apoya en la idea azoriniana del eterno retorno, pues el Dr. Mangler tuvo al nacer, la misma alternativa que Luisito de llegar al mundo huérfano de madre, pero él, efectivamente, la perdió y como consecuencia de ello vinieron muchas de sus desgracias. El muestra, entonces, una de las posibilidades, desde luego inciertas, de lo que pudiera haber sido el destino de Luisito por el egoísmo de su padre.

Resumiendo puede decirse que en el teatro de Cid es posible encontrar puntos de coincidencia, por ejemplo, con la obra dramática de

Francois de Curel en cuanto a que, como a aquél, a Cid le interesa estudiar los efectos que causan en el alma humana los convencionalismos sociales, pero también hemos visto que se acercó de cierta manera a la perspectiva de Pirandello y de Unamuno, y al intimismo de Chejov; en la fluidez y naturalidad elegante de sus diálogos pudiera reconocerse al Benavente español o al gran maestro noruego Ibsen y en que a veces se le descubra agazapado detrás de la máscara psicológica de sus personajes, lo identifica con el gran norteamericano Eugene O'Neill. Es decir, que José Cid Pérez responde a la actitud universalista que caracterizó los inicios del presente siglo. Es receptivo a todas las tendencias pero tiene sus propias metas. Su propósito es analizar esencias, estudiar sentimientos, meditar sobre cuestiones trascendentes... A veces, sus personajes no alcanzan la gloria de un nombre propio; así tenemos al "viejo titiritero" de *La rebelión de los títeres*; "el autor," "el fantasma" y todos los demás participantes de *La comedia de los muertos*; o como en el caso de "El" y "Ella" en *Hombres de dos mundos*, cuyos nombres sólo sirven de clave en la interpretación del argumento, otras veces, por el contrario, son seres perfectamente definidos como los de *Y quiso más la vida...* que están trabajados en distintos niveles, pero en general pudiera decirse que las pasiones no hacen sus personajes, sino que éstas animan a aquéllos. No es teatro que busque encontrar soluciones, porque se acepta el mundo tal cual es. Lo que hace es observar a éste desde una perspectiva generalizada en un tipo humano como en el caso del Don Juan, o en un determinado grupo con definidas características circunstanciales que a veces puede ser tan amplio como el hombre contemporáneo de *La rebelión de los títeres*.

Su teatro muestra en fin, una gran preocupación ética a la manera de Gabriel Marcel, el continuador de Francois de Curel y pudiera definirse, por tanto, del mismo modo que lo hizo aquél una vez, refiriéndose al suyo; su teatro pudiera decirse que es el del "drama del alma en exilio."

NOTAS

1. Alfredo de la Guardia. Prólogo a *Un tríptico y dos comedias*, Buenos Aires, Ediciones del Correo de Tespis, 1972, 18.

2. James E. McKinney. "El teatro de José Cid." *Revista de Archivos, Bibliotecas y Museos*, tomo LXXVII, I, enero-junio 1974, 329.
3. Corresponde a la página 94 de este libro. Todas las citas de las obras que se reproducen aquí, aparecerán indicadas con el número de la página de este libro, entre paréntesis.
4. José Cid Pérez. *Azucena,* La Habana, 1973, 77.
5. _____. *Y quiso más la vida... Tríptico*, 95.
6. *Ibid.,* 12.
7. Alfredo de la Guardia, *op. cit.,* 19.
8. José Cid y Dolores Martí. Biajaní, obra inédita, pág. 2 del original.
9. *Ibid.,* 2.
10. *Ibid.,* 21.
11. José Cid. *La última conquista*, obra inédita, pág. 12.
12. *Ibid.,* 16.
13. *Ibid.,* 17.
14. *Ibid.,* 9.

IV

HACIA UNA INTERPRETACIÓN DEL TEATRO DE VANGUARDIA DE CID PÉREZ

En la historia del teatro moderno hizo gran impacto que el dramaturgo le diera mayor profundidad al mundo que creaba para la escena, cuestionando su veracidad desde distintas perspectivas. De esta manera se estableció una mayor distancia entre el autor, que ineludiblemente pertenece a la realidad conocida por todos, y el personaje dramático, que tradicionalmente se desenvolvía dentro de esas circunstancias habituales, pero que demostró que podía adaptarse a cualquiera otra que se le proporcionara, y esta especie de disociación dio lugar a muy diversos e interesantes experimentos. Uno de los más atrevidos quizás fue el de Nikolai Evreinov, quien pensaba que el teatro no debía imitar la vida, sino que ésta era un gran escenario y la audiencia debía identificarse con los personajes de la ficción y tomarlos por su "alter ego." Esta tendencia, que León Mirlas llama el "teatro de la doble realidad,"[1] tuvo pleno desarrollo en el presente siglo aunque algo de esto es cierto que se encuentra en la literatura española, en *El gran teatro del mundo* en que Calderón de la Barca concibe a éste como un gran escenario en el que cada cual representa el papel que Dios le ha asignado y mucho más tarde, en pleno siglo XIX, en *Un drama nuevo*, de Tamayo Baus en el que el conflicto creado se resuelve dentro de la ficción que en el mismo se presenta. Pero es indudablemente Don Miguel de Unamuno quien planteó definitivamente la cuestión, al establecer que el autor es para su personaje lo que es Dios para el Hombre.

Efectivamente, cuando Unamuno y Augusto Pérez, su personaje de *Niebla*, se sentaron uno frente al otro a discutir la muerte que el novelista tenía planeada para su ente ficticio, quedó planteado un problema muy interesante: que los entes de ficción tienen su propia "lógica interna" —según palabras de Augusto— y que su proceder debe responder conforme a ésta, dentro de la realidad imaginada, con lo cual, hasta cierto punto, lo soñado cobra una independencia que se enfrenta a lo real, es decir, que en última instancia, el creador quedó escindido en una doble realidad: la suya propia y la de su personaje. Una vez aceptado esto, cabe preguntar ¿hasta qué punto una pertenece a la otra? y, de admitir la existencia de otra realidad ¿cuán-

59

tas más son posibles? y además, ¿serán "realidades" o sólo perspectivas de una única y verdadera realidad? Estas son cuestiones que le pertenecen a la filosofía, pero para el novelista o el dramaturgo son incentivos a su capacidad de soñar.

Esta situación literaria fue llevada a escena por Luigi Pirandello en sus *Seis personajes en busca de un autor* cuyo nudo está en que quien los ha concebido en su imaginación, rehusa escribir la trama en la cual ellos debieran funcionar y por lo tanto no pueden alcanzar la vida dentro del arte que ansían tener porque es únicamente así, como personajes de una determinada obra que logran un lugar dentro de una realidad. Jacinto Grau, en el mismo año, en España, estrena *El señor de Pigmalión*, en la cual los fantoches que ha construído el tal Pigmalión y con los cuales ha hecho fortuna presentándolos en el teatro, se rebelan contra él, traman una huída, cansados de los latigazos de que son víctimas y por último, disparan contra él y lo dejan abandonado. Es decir, que los muñecos han cobrado vida independiente de su creador al extremo de pretender matarlo, lo cual también pasó por la mente de Augusto Pérez para indignación de Unamuno. Claro está que Pirandello afrontó el problema con mayor sutileza que Grau porque no llegó a romper la relación entre el creador y su ser creado.

José Cid Pérez, que ha estado siempre alerta al proceso evolutivo del mundo exterior y que se ha sentido a la vez, parte activa del mismo, con una responsabilidad que cumplir, no podía ser indiferente a esta modalidad teatral y se enfrenta al problema de la doble realidad en *La comedia de los muertos* y *La rebelión de los títeres,* en las cuales se puede percibir sin lugar a dudas las influencias de Pirandello y de Grau en el uso de ciertos recursos técnicos, pero se mantienen fieles a las características del teatro cideano a pesar de que se aparta de la línea realista que había seguido en sus piezas anteriores —aunque sin renegar de la misma—, y adopta cierta técnica vanguardista, cuyo estudio vamos a intentar de inmediato.

LA COMEDIA DE LOS MUERTOS

Esta obra tiene de común con *Seis personajes en busca de un autor* de Pirandello en que en ambas funciona el juego entre realidad y fantasía y en el enfrentamiento del hombre a ese problema, sometido como está a las presiones sociales que lo condicionan y coinciden también, desde luego, en el concepto unamuniano de colocar al creador, a su criatura de ficción y al espectador, como actores del gran espectáculo que es el mundo, creación única del Ser Supremo, pero la diferencia está en que Pirandello lo hace dentro del mundo humano puesto que sus personajes están envueltos en un conflicto dramático mundano, mientras que Cid trasciende al plano espiritual del ser, al colocar en escena sustratos de seres humanos sin graves problemas ni conflictos terrenales, porque son espíritus de hombres y mujeres comunes, tales como los que han sido, son y serán en el mundo. Es decir, que coinciden en el tema pero no en el planteamiento del mismo, porque el gran maestro italiano mantuvo el argumento dentro del límite del mundo material, pero Cid lo llevó al nivel de lo espiritual.

La comedia de los muertos es una "comedia hiper-realista" según el autor especifica, porque se desarrolla dentro de una de las tantas realidades posibles, que en este caso es el de la vida ultraterrena. La transición de la realidad cotidiana hacia la otra, es decir, hacia el plano fantástico, lo hace mediante la técnica del teatro dentro del teatro, pues parte de la puesta en escena de una obra teatral que comienza con la salida de un cadáver hacia el cementerio. La verdadera acción dramática se inicia cuando un espectador protesta de que se presente algo tan irreal como es que las manecillas del reloj giren rápidamente y esto produce la irrupción de un autor-personaje que trata de convencer al espectador de que es necesario de que admita ciertas cosas aunque no estén de acuerdo con su razón, para que sea posible que él presente su obra puesto que el protagonista de la misma va a ser el fantasma de ese cadáver cuya salida de la casa mortuoria se acaba de ver. De esta manera se integran tres diferentes planos de realidades: la humana, que pudiéramos llamar también del mundo físico, representada por el "espectador" de la supuesta obra cuya puesta en escena se pretende llevar a cabo; la realidad soñada, la de la fantasía, que abre un mundo de posibilidades infinitas y en la que se mueve el autor de la obra de ficción y un tercer plano de realidad posible, en la que quedan confinados los espíritus que están en camino de alcanzar un estado superior de pureza cuando se liberen de los prejuicios humanos que los condicionaron en su vida terrenal. Como habíamos señalado en el capítulo anterior, esta superposición de distintos planos de realidades, es una de las características del teatro de Cid.

En el Primer Acto prevalece la perspectiva humana, interpretada por la resistencia del "espectador" a no aceptar nada que no pertenezca al mundo conocido y por la del propio "autor-personaje" a admitir el quebrantamiento de ciertos convencionalismos en materia de ultratumba como es de que los espíritus han de salir a las doce de la noche con el toque de fúnebres campanas, pues considera que el mantenerlos contribuye a preparar al auditorio para lo que ha de venir; en el Segundo Acto, los espíritus dominan la escena, pero tienen que luchar con la incredulidad de los espectadores y del propio "autor-personaje" que se resiste todavía a admitir que está siendo testigo de una realidad no accesible a los seres vivos; en el Tercero, el diálogo toma una perspectiva espiritualista y el Hombre...el Mundo...la Vida...son analizados por quienes están más allá de sus limitaciones. Así, hábilmente trabajados en el juego teatral, Cid logra una gradual inmersión o elevación tal vez, de lo físico a lo espiritual pues lo que parece ser real deja de serlo al aclararse que el cadáver que se ha visto salir es parte de una ficción teatral y ya esto da lugar a que se introduzca el tono fantástico con la participación de un fantasma que entabla discusiones con el "autor-personaje" y un "espectador" que protesta de que no se lleve a cabo la función como es debido. Introducida así la fantasía, no hay reparos a que otros fantasmas intervengan también para tratar de convencer a los espectadores que están siendo testigos de una realidad no accesible a los seres vivos. De esta manera, Cid va logrando la aceptación de todas las posibilidades, inclusive de la duda entre lo que es real o no, y esto conduce a una sublimación espiritual que lleva al mundo del discurso abstracto.

Esta modalidad en cuanto a la forma, guarda, por supuesto, una íntima relación con el fondo ideológico de la pieza. Para analizar esto debemos partir de lo que Humberto Piñera señalaba a propósito de esta obra de Cid. Observaba él que "en la *comedia de los muertos* el autor pregunta a los actores, el espectador interroga al autor, éste se pregunta a sí mismo, y, en definitiva, la sutil presentación de la obra, es, en fin de cuentas la *representación*, al amparo del marco escénico, de la sempiterna condición humana,"[2] porque antes había dicho que "el afán de saber sólo es atañadero al hombre, incapaz de vivir sin preguntas."[3] Siguiendo por este camino, nos encontramos que, efectivamente, aun en el plano astral que predomina en el Acto Tercero, el Fantasma es quien se muestra turbado y confundido dentro de la nueva realidad en que se encuentra, porque apenas ha abandonado el mundo terrenal que le era conocido, y entre los fantasmas de los parientes suyos que completan las tres generaciones inmediatas, la Abuela es la que puede darle más respuestas a sus preguntas porque es la que lleva más tiempo desencarnada y en un proceso de evolución que ella trata de definir como el de "la transformación de las sombras en luz..."⁴ y que en definitiva no es más que la búsqueda de la Verdad, o sea, del conocimiento, porque "las ideas y los conceptos no son del plano terrestre, sino del astral y todo queda almacenado en ciertas capas etéreas..." (113). Como resultado de este ir desde la ignorancia hacia el saber, al regresar la acción dramática al plano terrenal, reina la confusión y la duda; nadie sabe cuál es la farsa y cuál es la realidad de "La comedia de los muertos" porque como bien dice la Abuela, "¡Todo es verdad, aun la propia mentira, desde un cierto plano, no ya sólo espiritual, sino telúrico, pues la verdad siempre es nuestra verdad, o sea la que cada uno cree que es o le conviene que sea!..." (122), por lo tanto ni siquiera el autor está seguro ya de lo que escribió ni de cómo está supuesto que terminara su obra y el jefe de los tramoyistas, perplejo por las cosas tan raras que están pasando en esta puesta en escena, se muestra inclinado a ver qué resulta de la forma que la Abuela ha sugerido para cerrarla. En consecuencia, el final de la obra es un discurso de la Abuela en el que increpa la osadía del conocimiento humano al pretender ir más allá de los límites que el "Autor del Universo" (126) ha querido imponerle al hombre y termina con una referencia a Calderón de la Barca al implicar que la realidad del público asistente al teatro no es tal, sino un sueño.

La fuerza razonadora de Cid se pone aquí otra vez en evidencia, al darle a esa realidad imaginada del mundo astral, que es un secreto inaccesible al Hombre, una mecánica de funcionamiento con la cual los misterios del más allá quedan plenamente justificados dentro de la acción dramática, como es esa sensación de vacío, de desgarramiento, que se siente al morir un ser amado, o lo que es el sueño, tan semejante a la muerte. En el discurrir filosófico a que da lugar el planteamiento de la obra, se puede vislumbrar la influencia de Sor Juana Inés de la Cruz en la concepción que da del sueño como "disgregación del espíritu" (105) y en cuanto a lo de la evolución de éste hacia un estado de perfección en busca de la unidad con Dios, Mary A. Jackson ha encontrado similaridad con la teoría de Santa Teresa en *Las moradas*.⁵

Volviendo al planeamiento de la obra, hecho por Cid, encontramos que, desde luego, al colocarse desde esa perspectiva de observador omnisciente del mundo en que vivimos, tiene oportunidad de discurrir sobre muchos y variados temas: el del creador como trasmisor de ideas que están latentes en el universo; el del tiempo, con todas las implicaciones de su relatividad; el ansia de inmortalidad del hombre, bien por medio de las creencias religiosas en la existencia de una vida ultraterrena o por la más limitada que otorga la fama; el problema de la determinación de la esencia identificadora del hombre, ya se encuentre ésta en la razón o en la espiritualidad; la tradicional cuestión de lo que es genuinamente la realidad; el poder del humorismo en la función didáctica que está subyacente en toda obra literaria; el tema del amor y el de la arrogancia que le da el conocimiento al hombre, y las aludidas alusiones calderonianas de *La vida es sueño* y *El gran teatro del mundo*.

LA REBELIÓN DE LOS TÍTERES

En esta pieza teatral, que había permanecido inédita hasta ahora, Cid trabajó con la colaboración de su esposa Dolores Martí. La participación de ella le ha impartido a esta obra un tono emotivo que se descubre también en la otra en la que ella fue partícipe, *Biajaní*, sin que la fuerza conceptual, tan peculiar del teatro de Cid, se debilite en lo más mínimo pues, por el contrario, en ambas,se acrecienta con el valioso aporte de su inteligente coautora. Aquí Cid plantea de nuevo la cuestión existencial, pues su inquietud intelectual le ha llevado a intentar contestar en la escena, más de una vez, esa tremenda pregunta que en algún momento a todos se nos ha presentado: ¿Qué es la vida? En *La comedia de los muertos* dice: "...lo que cada uno se cree que es!..." (98)"...tal como nosotros la forjamos, no deja de ser más que una fantasía" (96) y en *La rebelión...* afirma enfáticamente: "...la vida es eso: teatro de títeres" (129). En definitiva, para ese filósofo escondido que hay en el dramaturgo Cid, la vida es para cada cual, el sueño que se ha forjado. Toda la obra es un discurrir sobre ese tema tan trascendente y humano, animado por ese afán de llegar a la verdad que movía a los expresionistas alemanes, a los futuristas italianos y en general a muchos de los movimientos de vanguardia que tendían al análisis introspectivo como reacción al realismo.

En *La rebelión de los títeres* también se produce el enfrentamiento del creador con su obra pero en su forma y estructura es mucho más vanguardista que la primera. En *La comedia de los muertos,* Cid empieza por hacernos pensar sobre lo que es la realidad; qué es real y qué no lo es y plantea que si el hombre ha tenido que inventar una manera de dividir el tiempo para organizar su vida ¿por qué no pensar que otros seres también lo han hecho y se gobiernan por otras normas distintas a las nuestras? Sobre esta base de pensamiento discurre Cid bajo el "role" protagónico de "Autor" y apunta la posibilidad de que las mariposas, que tienen una vida tan efímera para nosotros, puede ser que la disfruten a cabalidad y desenvuelvan en tan corto tiempo un mundo tan complicado como el nuestro o, a contrario sensus, las pirámides de Egipto sientan como segundos el transcurrir de nuestros siglos, en sus "almas de piedra" (96). Enfrentada así nuestra realidad humana a los misterios de las cosas y los seres que nos rodean, la misma pierde sustancia, y todo se hace posible. De esta manera, el dramaturgo nos ha desposeído de nuestros instrumentos de defensa para rechazar los excesos de su fantasía y quedamos sumergidos como espectadores en una de las tantas realidades posibles.

Sin embargo, en *La rebelión de los títeres* surge desde la primera escena, y sin planteamiento previo, lo fantástico: el muñeco de trapo y cartón que habla por su cuenta propia con el viejo titiritero que por años ha movido sus hilos para que animara sus chistes ante el público. Queda pues planteado de inmediato, el famoso conflicto que afrontó Unamuno con su Augusto Pérez y por eso la fuerza ideológica cobra en esta obra, papel protagónico. El personaje de *La rebelión...* es el Hombre, representado en el viejo titiritero, lo cual es muy significativo porque tal como queda hecho el planteamiento a través de la estructura de la obra en dos "Bi-Monólogos" y un "Diálogo Impar" entre el viejo y su muñeco, cada uno asume una posición inquisitiva en el discurso intelectual del hombre, que se bifurca en una búsqueda severa de la Verdad. El muñeco, como es una abstracción humana, juzga al Hombre a través del viejo y así se hace eco de la idea calderoniana cuando le dice: "Has pasado la vida en un sueño, porque tú, sí eras un muñeco soñador," y luego: "Eres muñeco hecho de fantasía con sueño de eternidad" (130). La diferencia entre los dos está, según le dice más tarde, en que "...tú tienes alma de alma y yo alma de muñeco" (130). Porque todas las cosas tienen alma en definitiva. En *La comedia...* nos había hablado ya del "alma de piedra" de las pirámides egipcias; aquí el Muñeco clasifica la del hombre como "alma de alma" y reclama para sí y para todas las demás cosas no humanas, un alma, que es ese "algo" que las hace existir como tales a través de los años y los siglos. Con una muy efectiva dialéctica, establece que lo que perdura del hombre son sus hechos, su obra, y ésta en definitiva, no es más que el sueño que les tocó vivir, en tanto que los títeres, puesto que el ser tal es su razón de ser y destino, son eternos en su propia forma y sustancia.

El titiritero, como se ve superior al fantoche porque es quien rige su destino, se muestra un tanto arrogante por los adelantos que ha alcanzado la Humanidad y en el Bi-Monólogo II le presenta a su muñeco parlador una visión panorámica de los avances en el campo de las ciencias y la técnica, pero su interlocutor de trapo se resiste a aceptar que las mismas hayan superado al hombre. Admitiendo el prodigio de las operaciones del cerebro y del corazón, le pregunta, no sin cierta ironía: "...pero...¿Después de eso los hombres piensan mejor? ¿....los hombres sienten mejor?" (146). No, el viejo titiritero tiene que admitir que el hombre no es perfecto. El análisis inquisitivo de la realidad humana, los ha mantenido en posiciones antagónicas, pero lo que logra unir la dualidad Titiritero-Muñeco es la fuerza unitiva del amor cuando asoman lágrimas a los ojos del viejo al decirle su hijo de trapo en una explosión de euforia: "Yo te quiero mucho mi viejo titiritero!" (150). Entonces se nos presentan los senderos posibles a los que se enfrenta el ser humano: el camino de la acción con sus metas de dominio; el camino del conocimiento hacia la cultura y el camino de la religión en busca de la redención, y se plantea la necesidad que tiene el hombre de unir esas conductas — que se pueden resumir en el trinomio HACER, SABER y CREER — pero manteniendo como meta que sublimice esa unión, al amor, puesto que sólo éste puede despojarlo de sus móviles egoístas y concederle más altos valores espirituales. El final, de gran impacto expresionista, subraya el triunfo del amor sobre la arrogancia intelectual del hombre.

Entre los dos Bi-Monólogos, hay lo que los Cid han llamado muy intencionadamente, "Diálogo Impar" pues aquí hay una sola voz parlante que lee lo que aparece en la enorme hoja de un diario que escribe alguien y su interlocutor es esa dualidad Titiritero-Muñeco, pero sin participación directa porque ellos serán, como nosotros, espectadores de la gran comedia humana. La presentación es completamente vanguardista, pues el autor del diario es una figura bidimensional en cuanto que su apariencia es la de un niño de pocos días de nacido, del tamaño de un hombre pequeño, pero su perspectiva al juzgar los hechos cotidianos de su corta vida desde que estaba en el claustro materno, contiene la amarga sapiencia que dan las muchas frustraciones; sin embargo, el texto mantiene el tono cándido que corresponde a la corta edad del que escribe, a través de la fina ironía que los dramaturgos usan como un medio de restarle densidad al largo parlamento. Anacleto, que así se llama tan singular personaje, representa —según explica el Muñeco— al hombre que ha sido, es y será, es decir, representa la humanidad, o, al menos, una parte de ella pues, como dice el Muñeco: "Yo no pretendo, con pedazos de vida, haberlo dicho todo" (141). Aquí Cid ratifica una idea expresada también en *La comedia de los muertos*, la de que el hombre se debate entre la verdad y la mentira y de esa lucha surge la duda, que es la realidad (110), por lo menos la realidad humana porque, como explica el espíritu de la Abuela en *La comedia...*, "Todos creemos que hay muchas verdades porque todo es relativo... ¡La verdad, verdad, es única! Es el ser, el conjunto de seres que forman un solo ser, el ser del Ser" (120). De nuevo el talento dramático de Cid ha combinado los elementos teatrales necesarios para llevar a la escena toda una problemática existencial que queda perfectamente estructurada de la manera siguiente: en el "Bi-Monólogo I" presenta al hombre que como ser individual está consciente de que posee un hálito divino al ser capaz de crear, pero al mismo tiempo teme su insolencia de asimilarse a Dios; en el "Bi-Monólogo II" se ve al hombre que, como parte de un todo que es la Humanidad, ha logrado superar en algunos aspectos las limitaciones del espacio y el tiempo, pero el "Diálogo Impar" contiene el balance necesario para hacer evidente que el hombre en definitiva, es un juguete de una voluntad superior e inaccesible que lo determina y lo limita, lo cual ya había dejado expuesto al comienzo cuando el Muñeco le dijo a su amo: "...¿Pero, es posible que nunca hayas pensado al verte en el espejo, que tú y yo somos como una misma cosa: muñecos del destino..."

CONCLUSIÓN

En definitiva, Cid se ha enfrentado varias veces al terrible problema de la angustia existencial. Guillermo Francovich ha encontrado, por ejemplo, que se ha planteado la soledad del ser humano en tres aspectos distintos: frente a la incomprensión ajena en *Hombres de dos mundos*, frente a la fatalidad en *Y quiso más la vida...* y frente al desgajamiento terrible de la muerte en *La comedia de los muertos*.[6] Pudiera decirse, abundando en esa observación de contenido temático, que *La rebelión de los títeres* plantea la soledad del hombre frente a su propia vida, pero como en Cid siempre subsiste la idea de Dios, ve en el amor el camino posible de salvación. En este constante indagar en la naturaleza humana está respondiendo como creador, a los dilemas de su tiempo, y ha hallado ciertas respuestas que lo acercan a Unamuno y lo alejan de Sartre, porque ha encontrado que la grandeza del hombre reside en su espíritu, en su capacidad de crear... y de soñar. En estas dos piezas, las más vanguardistas de su producción, ha buscado un punto de observación y de análisis que lo aleja de lo humano pero al propio tiempo tiene relación directa con el hombre, porque en ambos casos contiene la esencia humana: en *La comedia de los muertos*, como hombres que han sido, y en *La rebelión de los títeres* porque el Muñeco ha pretendido serlo. En *La Comedia...* son los espíritus que a través de tres generaciones contemplan los seres vivos desde distintas perspectivas, según su estado de purificación; en *La rebelión de los títeres*, es un polichinela de trapo y cartón, que impelido por su "alma de muñeco" ha aprendido con las hadas del bosque sobre las cosas de quien es imagen y razón de su propia vida, el Hombre. Esas voces suprahumanas van a ser las portadoras del discurrir filosófico de Cid y por lo tanto su álter ego en su confrontación con la propia vida.

NOTAS

1. León Mirlas. *Panorama del teatro moderno*. Buenos Aires, Editorial Sudamericana, 1956, 90-91.
2. Humberto Piñera. "Vida y dramaturgia" en Alberto Gutiérrez de la Solana y Elio Alba Buffill, *Festschrift José Cid Pérez*, New York, Senda Nueva de Ediciones, 1981, 32.
3. *Ibid.*
4. Corresponde a la página 121 de este libro. Todas las citas subsiguientes aparecerán indicadas con el número de la página que le corresponda, entre paréntesis.
5. Mary H. Jackson. "Comedy of the Dead by José Cid Pérez," *Festschrift José Cid Pérez*, 52.
6. Guillermo Francovich. "José Cid Pérez," *Festschrift José Cid Pérez*, 22.

BIBLIOGRAFÍA DE JOSÉ CID PÉREZ

ACTIVA

Cid Pérez, José. *Pensando...*, Pérez y Cía., La Habana, 1926.

_____. *Secreto de confesión*, Madrid, España, Mi Novela Semanal, 1926.

_____. *Serafín Sánchez. Visionario, creyente, mambí...*, La Habana, Imprenta Comercial, 1929.

_____. *Rebeca, la judía*, La Habana, Editorial La Mujer, 1931.

_____. *La Duda,* La Habana, Editorial La Mujer, 1932.

_____. *Altares de sacrificio,* La Habana, Editorial, Siboney, 1932.

_____. *Azucena,* La Habana, La Verónica, 1943.

_____. "El teatro de América de ayer y de hoy: Guatemala" en *Boletín de Estudios de Teatro*, Año V, Tomo V, No. 16, Buenos Aires, marzo de 1947, 2-13.

Cid Pérez José y Dolores Martí de Cid. En *Carteles*, La Habana, en "Por los caminos de América," 1949-1953, los siguientes artículos:

"Guatemala"
"El Salvador"
"Honduras"
"Nicaragua"
"Costa Rica"
"Colombia"
"Ecuador"
"Perú"
"Evocación en el Cuzco"
"Un viaje accidentado"
"Visión de Puno"
"Bolivia: Titicaca"
"Tiahuanaco"
"La Paz"
"Sucre y Potosí"

"De la Paz a Buenos Aires"
"La gran aldea"
"Recorriendo Buenos Aires"
"Los museos de Buenos Aires"
"El espíritu de la Gran Aldea"
"Buenos Aires de noche"
"La Plata y Mar del Plata"
"La docta ciudad de Córdoba"
"El jardín de la república: Tucumán"
"La tierra de los gauchos: Salta"
"La Rioja y Catamarca"
"De Buenos Aires a Mendoza"
"La tierra de la vid y el olivo"
"Viaje a través de los Andes"
"Santiago de Chile"
"Chile y su cultura"
"Grandes hombres chilenos"
"El espíritu de Santiago de Chile"
"Recorriendo Santiago de Chile"
"El Santiago de ayer"
"Viña del Mar"
"Valparaíso"
"La ciudad del viento"
"Rumbo al sur"
"Puerto Varas, Puerto Montt y las islas de Chiloé"
"Osorno y Valdivia"
"Concepción"

Cid Pérez, José. "Cincuenta años de teatro cubano." *Carteles*, Número Extraordinario, Cincuentenario, Año 33, No. 20, La Habana, mayo 18 de 1952, 110-113, 188-189.

Cid Pérez, José y Dolores Martí de Cid. En *Nosotros*, México, D.F., 1953-54, los siguientes artículos:
"Haití"
"Recorriendo Port-Au-Prince"
"El espíritu de Haití"
"Cap Haitian"
"Milot y Sans Soucci"
"La Citadelle"
"Guatemala"
"Recorriendo la ciudad de Guatemala"

"Hombres, lugares y libros guatemaltecos"
"Antigua"
"Leyendas y tradiciones de Antigua"
"Chichicastenango"
"¡Adiós a Guatemala!"
Cid Pérez José. "El teatro en Cuba republicana" en *Teatro cubano contemporáneo*, Madrid, Editorial Aguilar, primera edición, 1959, 15-39; segunda edición, 1962, 13-38.

_____. "Hombres de dos mundos" en *Teatro cubano contemporáneo*. primera edición, 1959, 109-147; segunda edición, 1962, 111-154.

_____. En *Enciclopedia dello Spettacolo*, Roma, Italia, Editorial Le Maschere, 9 volúmenes, 1958-1962, los siguientes artículos sobre teatro:
"Gamboa, Federico"
"Gamboa, José Joaquín"
"Güegüense"
"Indio, Teatro"
"Jiménez Rueda, Julio"
"L'Avana"
"Moock, Armando"
"Ocampo, María Luisa"
"Osorio, Luis Enrique"
"Paraguay"
"Peón y Contreras, José"
"Peralta y Barnuevo, Pedro de"
"Rabinal Achí"
"Salvador, El"
"Vela, Eusebio"

_____. Diversos artículos sobre literatura en *Enciclopedia Barsa*, Edición en español, Chicago, Encyclopedia Brittanica, Inc., 1961-1963.

Cid Pérez, José y Dolores Martí de Cid. *Teatro indio precolombino*, Madrid, España, Editorial Aguilar, 1964.

_____. *Teatro indio precolombino*, edición revisada, San Juan, Puerto Rico, Cultural Puertorriqueña, S.A., 1985.

_____. *Páginas de un diario*, New York, McGraw Hill, 1966.

Cid Pérez, José. "Su primer cliente" en *Páginas de un diario*, 40-48.

_____. "Un cuento que es historia" (Biografía de Finlay) en A.

M. Brady y H. D. Oberhelman *Español Moderno II,* Columbus, OH., Charles E. Merrill Books Inc., 1965, 294-300.

_____. "Una historia que parece cuento" (Biografía de Alberto Santos-Dumont) en *Español Moderno I.* Columbus, OH. Charles E. Merrill Books Inc., 1965.

_____. "El primer cliente" en *Español Moderno II,* I, 253-256; II, 273-277.

_____. "Peculiaridades del español en América" en Agnes Marie Brady *Historia de la cultura hispanoamericana,* New York, MacMillan Company, 1966, 210-215.

_____. El sentido de la vida y de la muerte en 'La vita che ti diede' de L. Pirandello y en 'Después vendrá el olvido' de E. Peralta Andrade" en *Papers on French-Spanish, Luso-Brazilian, Spanish-American Literary Relations,* Houston, TX, The University of Houston, Division of Foreign Languages, 1966, 7-16.

_____. "Evocación de mi pueblo," *Guanabacoa Libre,* No. 38, New York, diciembre 1966, 1-2.

Cid Pérez, José y Dolores Martí de Cid. "'El pobre más rico' de Gabriel Centeno de Osma" en *Hispanófila,* Chapel Hill, University of North Carolina, Department of Romance Languages, No. 37, septiembre de 1969, 31-57.

_____. "Rescate de Ruiz de Alarcón para México" en *Hablemos,* México, 5 de julio de 1970, 3.

_____. "Personalidad y personalidades del teatro colonial hispanoamericano" en *Círculo,* 1972, Año X, Vol. IV, No. 1-2-3, Número Extraordinario, Troy, N.Y., 62-72.

_____. "Perennidad de la Avellaneda" en *Revista de Archivos, Bibliotecas y Museos,* Tomo LXXVI, 2, Madrid, España, Servicio de Publicaciones del Ministerio de Educación y Ciencias, julio-diciembre de 1973, 413-422.

Cid Pérez, José. *Un tríptico y dos comedias,* ("Hombres de dos mundos"; "Y quiso más la vida"; "La comedia de los muertos") Buenos Aires, Argentina, Ediciones del Carro de Tespis, 1972.

_____. "Y quiso más la vida" en Mary Jackson y Edenia Guillermo, *Teatro hispánico,* Skokie, IL, National Textbook Company, ediciones: 1972; 1975; 1979; 1982; 1985, 1986.

Cid Pérez, José y Dolores Martí de Cid. *Teatro Indoamericano Colonial,* Madrid, España, Editorial Aguilar, 1973.

Cid Pérez, José. "Mi médico es así...", *Diario de las Américas,* Miami, FL, 3 de diciembre de 1977, 7 y 15.

Cid Pérez, José y Dolores Martí de Cid. "Hacia una interpretación del teatro martiano" en *Studia Gratularia* en honor del Dr. Humberto Piñera, Madrid, España, Editorial Playor, 1979, 41-51.

_____. "La mexicanidad de Juan Ruiz de Alarcón" en Marie A. Wellington y Martha O. Nan, editoras, *Romance Literary Studies* en homenaje al Dr. Harvey L. Johnson, Potomac, MD., José Porrúa Turranzas, 1979, 63-73.

Cid Pérez, José. Reseña, "Marie A. Wellington, *Marianela: esencia y espejo", Círculo: Revista de Cultura,* New Jersey, Vol. XIV, 1985, 129-131.

_____. "Apertura del V Congreso Cultural de Verano del CCP," *Círculo: Revista de Cultura,* Vol. XV, 1986, 7-8.

PASIVA

Alzaga, Florinda. "Filosofía, psicología y estética en el teatro de José Cid Pérez." *Círculo: Revista de Cultura,* New Jersey, XVIII, 1989.
Aragonés, Emilio. "Teatro." *La estafeta literaria,* No. 313, 13 de marzo de 1965.
Arellano, Jorge Eduardo. *Panorama de la literatura nicaragüense,* Managua, Nicaragua: Editorial Alemana, 1968, 31.
_____. *El güegüense o Macho Ratón.* Managua: Ediciones Americanas, 1984, 21-22, 34, 69.
"Audience Proves Truth of Principles of World Premiere." *Northwest Missourian,* Maryville, MO., vol. 29, No. 36, 24 de mayo de 1968.
Balmori, Clemente Hernando. *La conquista de los españoles y el teatro indígena americano.* Tucumán, Argentina: Imprenta Universidad Nacional de Tucumán, Facultad de Filosofía y Letras, 1955, 10, 16, 57, 60.
Baralt, Luis A. "Cincuenta años en el teatro de Cuba." *Libro de Cuba,* Ed. Arturo Alfonso Roselló, La Habana, 1954.
Becalli, Ramón, "Altares de sacrificio" (I), Teatros y Cines. *El País,* La Habana, 16 de enero de 1932.
_____. "Altares de sacrificio" (II), Teatros y Cines. *El País,* La Habana, 26 de enero de 1932.
_____. "Altares de sacrificio (III), Teatros y Cines. *El País,* La Habana, 27 de enero de 1932.
Blanco, Luis Amado. "Y quiso más la vida...". Retablo. La Habana, *Información*, 13 de diciembre de 1951.
Bonich, Juan. "Una comedia de José Cid" de Teatros y de Artistas. *El Mundo*, La Habana, 31 de enero de 1927.
_____. "Altares de sacrificio," De Teatros, Cines y Música. *El Mundo*, La Habana, 27 de enero de 1932.

Borrero, Ana María. "Jugando a las muñecas." *Diario de la Marina.* 10 de julio de 1946.

Brady, Agnes Mary y Harley D. Oberhelman. *Español Moderno II.* Columbus, Ohio: Charles E. Merrill Books Inc., 1965, 335.

Brenes Mesén. R. Reseña, Libros hispanoamericanos, "*Azucena* de José Cid Pérez." *Repertorio Americano,* San José, Costa Rica, tomo 42, vol. 15, 1946, 238.

Bueno, Salvador. *Medio siglo de literatura cubana.* La Habana, Comisión Nacional Cubana de la UNESCO, 1953.

Campa, Román. "Festschrift José Cid Pérez." Libros. *Diario de las Américas,* año XXIX, 12 de julio de 1981, 14.

Campos, Jorge. "El Ollantay, teatro mestizo." *Ínsula,* XX, No. 218, Madrid, España, enero de 1965, 11.

Castagnino, Raúl H. *Semiótica, ideología y teatro hispanoamericano.* Buenos Aires, Editorial Nova, 1ª edición, 1974, 207.

Castillo, Homero. Reseña. "*Teatro cubano contemporáneo.* Madrid, 1959, *Books Abroad,* Oklahoma, enero de 1961.

Carutti, Franco. *El güegüense o macho ratón.* Rapallo, Genova, Edizione A.I.S.A., 1968, 12, 13, 14, 17, 18.

Christensen, George K. "A Bibliography of Latin American Plays in English Translations. *Latin American Theater Review,* Spring 1973, 3.

Cook, Robert C., editor. *Who's Who in American Education.* T.I. Hattiesburg, Miss., Who is Who in American Education, Inc., 1967-1968, 147.

Davis, Michelle S. *Proyecciones estilísticas de los personajes femeninos de José Cid.* Purdue University. (Thesis Degree of Doctor of Philosophy), mayo de 1979.

_____. "Teatro hispano." *El estudiante,* Vol. 2, No. 11, Columbus, Ohio, Hispanic Student Program. The Ohio State University, 7 de enero de 1980, 1-3.

_____. "Del realismo a la vanguardia en tres dramaturgos hispanoamericanos (Rodolfo Usigli, Vicente Martínez-Cuitiño y José Cid)," *Festschrift José Cid Pérez,* 73-80.

_____. *A Dramatist and His Characters.* New York: Senda Nueva de Ediciones, 1983.

_____. "The Characters of José Cid and the Psycological Levels of Development," *Círculo: Revista de Cultura,* XVIII, 1989.

Descalzi, Ricardo. *Historia crítica del teatro ecuatoriano.* Quito,

Ecuador: Editorial Casa de la Cultura Ecuatoriana, 1968, 26-29, 34, 39, 40.

Dictionary of International Biography, 1969-1970. Part I. A-L. Sixth Edition, London and Dorthmouth, Kay Sons and Daughters Ltd., 1969, 170.

Díez-Echarri, Emiliano y José María Roca Franquesa. *Historia de la literatura española e hispanoamericana*. Madrid: Editorial Aguilar, 1960, 1495, 1500.

Directory of American Scholars. 5ª ed., vol. III, New York y Londres, Jacques Cattell Press, 1969, 79.

Don Alvaro. "Y pudo más la vida." *Ellas,* La Habana, año XIX, No. 217, enero de 1952.

Duerden, Noel. "Cuban Couple Writes on Ancient Cultures." *The Journal and Courrier*, Lafayette, Indiana, enero 11 de 1966, 11.

Ellis, Sonia. "Entre nosotros," Notas cívicas y culturales. *El Diario de Nueva York*. Brooklyn, New York, Vol. 1, No. 130, febrero 12 de 1949.

"En Nueva York, dos envíados del arte cubano a través de todo el continente." *La Prensa*, Nueva York, Vol. XXXVIII, No. 10016, febrero 14 de 1949.

Esquer Torres, Ramón. "Teatro indio precolombino." *Segismundo,* Madrid, España, Consejo Superior de Investigaciones Científicas, 1965, 425-426.

Evory, Ann. Editor. *Contemporary Authors*. A Bio-Bibliographical Guide to Current Writers in Fiction, General Nonfiction, Poetry, Journalism, Drama, Motion Picture, Television and Other Fields, New Revision Series, Detroit, Michigan, Volume 4, 1981, 135-136.

Farías, Javier. *Historia del teatro*. Buenos Aires, Editorial Atlántida, 1958, 268.

Fernández de la Vega, Oscar. "José Cid Pérez en la dramaturgia cubana" A Pepe Cid en sus ochenta. New York, CUNY. Hunter College, 1987, 1-7.

Fornet, Ambrosio. En *Blanco y negro*, La Habana, Instituto del Libro, 1967, 143, 145, 147, 149.

Francovich, Guillermo. "Teatro indio panamericano." en *Presencia literaria*, La Paz, Bolivia, 19 de mayo de 1974.

_____. "José Cid Pérez," *Festschrift José Cid Pérez*, 21-27.

García Hernández, Manuel. "José Cid Pérez, comediógrafo de

Cuba" *El Universal,* Caracas, Venezuela, 14 de noviembre de 1948.

───────. "Compartir el arte en el matrimonio," Molde de Piedra, en *El Sol del Norte,* México, 26 de mayo de 1965.

───────. "El teatro indio precolombino" en *El Sol de México,* México, 21 de enero de 1966.

González Contreras, Gilberto. "El teatro de José Cid." Inquisiciones, *Mañana,* La Habana, Año VII, No. 172, 26 de julio de 1945.

González Freyre, Natividad. *Teatro cubano contemporáneo* (1928-1957). La Habana, Sociedad Colombista Panamericana, 1958, 76-78.

───────. *Teatro cubano* (1927-1961). La Habana, Ministerio de Relaciones Exteriores, 1961, 52-53.

Grana, Josefina de la. "José Cid y su obra 'Madre antes que mujer'." *La Prensa,* Tampa, FL. 31 de agosto de 1934, 2, 7.

Guardia, Alfredo de la. *Visión de la crítica dramática.* Buenos Aires: Editorial La Pléyade, 1970, 334-335.

───────. Prólogo. *Un tríptico y dos comedias,* Buenos Aires, Ediciones del Carro de Tespis, 1972, 13-25.

Guerrero Zamora, Juan. *Historia del teatro contemporáneo.* 4 tomos, Barcelona: España, Ed. Juan Flors, 1961, 551.

Gutiérrez de la Solana, Alberto. *Investigación y crítica literaria y lingüística cubana.* New York: Senda Nueva de Ediciones Inc., 1978, 97-98.

───────. Editor. *Cruzada Educativa Cubana. Premio "Juan J. Remos"* New York: Senda Nueva de Ediciones, Inc., 1984, 265-69.

───────. "El teatro indio precolombino." *Información,* Houston, TX, junio 20 de 1986, 89. Reproducido en *Acción Masónica,* junio de 1986, 17.

Gutiérrez de la Solana, Alberto y Elio Alba Buffill. *Festschrift José Cid Pérez,* New York: Senda Nueva de Ediciones, 1981.

Henríquez Ureña, Max. *Panorama histórico de la literatura cubana,* Puerto Rico, Tomo 2. Ediciones Mirador, 1963, 390, 391, 398.

Herrera, Roberto. "El tema de la libertad en dos obras patrióticas de José Cid Pérez," *Festschrift José Cid Pérez,* 35-44.

───────. "El tema de la infabilidad en una comedia dramática de José Cid Pérez," en Eduardo Zayas-Bazán y Christo I. Hungate, *Selected Proceedings. The Thirty-Four Annual Mountain Interstate Foreign Language Conference,* The University of

Tennessee, 1984, 237-247. Reproducido en *Boletín de la Asociación Europea de Profesores de Español*, Año XVIII, No. 34-35, Madrid, España, Primavera-Otoño de 1986, 181-187.

Hinsaw, George. "'Men of Two Worlds' Please Audience in World Premiere." *Maryville Daily Forum*, Vol. 58, No. 297, 21 de mayo de 1968.

Hoyo, Arturo del. "Teatro indio precolombino" en *Pregón*, Madrid, España, Aguilar, 1965, 19.

_____. "El teatro en México y en Cuba." *Pregón*, Madrid: Aguilar S.A. de Ediciones, septiembre de 1959.

_____. "Prólogo" en José Cid Pérez y Dolores Martí de Cid, *Teatro Hispanoamericano de ayer y de hoy*. (En prensa.)

Ichaso, Francisco. "Principal. Altares de sacrificio." Escenario y pantalla, *Diario de la Marina*, La Habana, 27 de enero de 1932.

Jackson, Mary H. "Introducción," *Northwest Missouri State Bulletin*, Vol. XL, No. 14, 1° de agosto de 1966, 3-4.

_____. "Comedy of the Dead by José Cid Pérez." *Festschrift José Cid Pérez*, 51-56.

Johnson, Harvey L. Reseña. "Alberto Gutiérrez de la Solana y Elio Alba Buffill. *Festschrift. José Cid Pérez*," New Jersey, *Círculo: Revista de Cultura*, XI, 1982, 123-126.

_____. Reseña. "Michelle S. Davis. *A dramatist and his characters, José Cid Pérez*," *Scolas Bulletin*, Vol. 9, No. 1, Spring 1984, 6-7.

Jones, Willis Knapp. *Behind Spanish American Footlights*. Austin: University of Texas Press, 1966, 405, 407, 408.

Kaul, Guillermo. "Sobre el teatro precolombino." *La Capital*, Rosario, Argentina, 14 de febrero de 1965.

Kay, Ernest. Editor. *Dictionary of International Bibliography 1969-1970*. 6ª ed., Londres-Dartmouth, Dictionary of International Bibliography Company, 1970, 170.

McKinney, James E. "El teatro de José Cid." *Revista de Archivos, Bibliotecas y Museos*. Madrid, vol. 77, N° 1 Junio, 1974, 327-334.

_____. "José Cid y sus críticos." *Festschrift José Cid Pérez* 63-71.

Kouri, Juan B. "La función del médico en 'Y quiso más la vida!'." *Carteles*, La Habana, año 33, No. 1, enero de 1952.

Lazo, Raimundo. "La literatura cubana en el siglo XX." *Historia de* la nación cubana Tomo X, La Habana, Ministerio de Educación, 1952, 20-21.

―――――. *La literatura cubana*. México, Manuales Universitarios, Universidad Nacional Autónoma de México, 1965, 212.

Leguizamón, Carlos H. "El teatro contemporáneo cubano y la editorial Aguilar." *Meridiano*, Córdoba, Argentina, 11 de agosto de 1960.

Mármol, Arsenio. "Difusión del teatro latinoamericano" en *Argentores. Sociedad General de Autores de la Argentina*, año XIII, No. 61, Buenos Aires, Octubre-Noviembre-Diciembre de 1947, 7.

Marquina, Rafael. "Fuera de Cuba," Vida cultural. *Información*. La Habana, 4 de junio de 1947.

―――――. "A propósito de teatro cubano." *Alerta*, La Habana, 15 de diciembre de 1951.

―――――. "Itinerario y logros de dos cubanos en Europa." *Información*, Rotograbado cultural, La Habana, 20 de octubre de 1957, E-2.

―――――. "Un libro útil." Vida cultural. *Información*, La Habana, 26 de febrero de 1958.

―――――. "El teatro cubano en el escenario del mundo." Correo Quincenal de las artes y de las letras, *Información*, La Habana, 28 de febrero de 1960.

Martí de Cid, Dolores. "José Cid Pérez" en *Teatro cubano contemporáneo*. Madrid, Editorial Aguilar, 1ª edición 1959, 2ª ed. 1962, 105-112.

―――――. "José Cid Pérez." *First Stage*, vol. VI, No. 1, Spring 1967, 81.

―――――. "El ser y el hacer en el teatro de José Cid." State University of New York, *Folio*, No. 16, 1984, 89-106.

Martínez Bello, Antonio. "José Cid: dramaturgo cubano en Argentina." *El siglo*, Año XII, La Habana, 31 de marzo de 1948.

―――――. "Un buen libro sobre teatro." *Diario Libre*, 19 de febrero de 1960.

Melón Ramos, Jesús. "El teatro de títeres en la escuela primaria." *El Sol*, Año 38, No. 48, La Habana, 1946.

Montero Padilla, José. Reseña. *"Teatro cubano contemporáneo," Arbor*, No. 179, noviembre de 1960.

Montes Huidobro, Matías. "Tragedia teatral a través de un libro." *Lunes de revolución*, La Habana, febrero 20 de 1960, 20.

Neglia, Erminio. *Aspectos del teatro moderno hispanoamericano.* Bogotá, Colombia, Editorial Stella, 1975, 83.

Neglia, Erminio y Luis Ordaz. *Repertorio Selecto del Teatro Hispanoamericano Contemporáneo.* Segunda edición revisada y ampliada. Temple, Arizona: Arizona State University, Center for Latin American Studies, 1980, 30.

Oliarte, Ernesto Roldán. *Cuba en la mano.* Enciclopedia Popular Ilustrada, La Habana, Ucar, García y Cía, 1940, 850-51.

Ordaz, Luis y Erminio G. Neglia. *Repertorio selecto del teatro hispanoamericano contemporáneo,* Caracas, Editorial Grannelli, 1975.

Ordetx, Isabel Margarita. "Buenos Aires nos devuelve un gran comediógrafo cubano, José Cid," en Teatro y Cinema, *Vanidades,* mayo de 1949.

_____. "Dos peregrinos de la América nuestra, los doctores Dolores Martí y José Cid." La Habana, *Carteles,* No. 48, noviembre 27 de 1949, 38-39 y 80-81.

Orella, Pablo. "El estreno del martes: Altares de sacrificio," El Teatro y el Cine, *Heraldo de Cuba,* La Habana, 28 de enero de 1932.

Ortiz, Isamar. "'Y quiso más la vida...', del Dr. José Cid Pérez. Un importante estreno de un autor cubano." De la farándula y el cinema, La Habana, *La Voz Femenina,* Año II, No. 73, 3 de diciembre de 1951, 1, 4.

_____. "Y quiso más la vida...". *La Voz Femenina,* La Habana, 10 de diciembre de 1951, 1, 5.

Peraza Sarauza, Fermín. *Personalidades cubanas (Cuba en el Exilio.* Vol. IX, Coral Gables, FL., Biblioteca del bibliotecario, 1967, 14-15.

Perdomo Torres, Angel. "Por primera vez en el mundo, el teatro de títeres es utilizado para la enseñanza de la historia." *Prensa Libre,* Año VI, No. 1074, La Habana, 9 de agosto de 1946.

"Pérez, José Cid." *Enciclopedia Dello Spettacolo.* (1958-1962) Vol. VII, Roma, Italia, Editorial Le Maschere, 1853.

Personalities of the West and Midwest, Raleigh, N.C., Nuevas Publishing Company, 1968.

Pierrot y Arlequin. "Altares de sacrificio." La Habana, *El Comercio,* Teatros, cines y música, 19 de enero de 1932.

_____. "Principal de la Comedia" (I). La Habana, *El Comercio,* Teatro, cines y música, 24 de enero de 1932.

_____. "Principal de la Comedia." (II). La Habana, *El Comercio,* Teatros, cines y música, 26 de enero de 1932.
Piñera, Humberto. "Vida y dramaturgia." *Festschrift José Cid Pérez,* 27-33.
_____. "José Cid: un dramaturgo singular." *Diario Las Américas,* Miami, FL., 28 de diciembre de 1984, 5-A.
_____. "Teatro indio precolombino." *Diario Las Américas,* Miami, FL., 8 de agosto de 1986, 5-A.
Podestá. "Teatros." *El Comercio,* La Habana, 8 de octubre de 1932.
Potts, Renée. "Muñecos en la Universidad." La Habana, *Ellas,* Año XIII, No. 149, mayo de 1946.
_____. "El teatro de títeres en la escuela primaria," La Habana, *Ellas,* Año XIII, No. 156, diciembre de 1946.
_____. "El teatro cubano atraviesa el Atlántico." Teatro y cine. *Réplica,* 26 de febrero de 1958.
Puga, César de. "Altares de sacrificio" (I) en Espectáculos, *Mercurio,* La Habana, 18 de enero de 1932.
_____. "Altares de sacrificio" (II) en Espectáculos, *Mercurio,* La Habana, 26 de enero de 1932.
_____. "Altares de sacrificio" (III) en Espectáculos, *Mercurio,* La Habana, 29 de enero de 1932.
_____. "Altares de sacrificio" (IV) en Espectáculos, *Mercurio,* La Habana, 30 de enero de 1932.
Raggi, Carlos. "Un tríptico y dos comedias," *Círculo,* Año X, vol. IV, Nos. 1-2-3, Invierno-Verano-Otoño, 1972, 80.
Royal Blue Book Leaders of the English Speaking World, 1969, Chicago-Londres, St. James Press, 1969, 52.
Sainz de Robles, Federico Carlos. *Ensayo de un Diccionario de la literatura.* Tomo II, Escritores españoles e hispanoamericanos, Madrid, España, Aguilar, 3ª edición 1964; 4ª edición, 1973.
Sánchez-Boudy, José. "Lo social en el teatro de José Cid Pérez." *Festschrift José Cid Pérez,* 45-50.
Sánchez-Grey Alba, Esther. Reseña. "Michelle S. Davis. *A Dramatist and His Characters.* New Jersey, *Círculo: Revista de cultura,* XIII, 1984, 127-128.
_____. "Función de títeres y espíritus en el teatro de ideas de José Cid Pérez." New Jersey, *Círculo: Revista de Cultura* XV, 1986, 85-90.
_____. "Trayectoria dramática de José Cid en el exilio," *Dramaturgos,* vol. 1, No. 2, julio-agosto de 1987, 11.

_____. "El teatro de José Cid Pérez: convergencia de corrientes literarias," New Jersey, *Círculo: Revista de Cultura*, XVII, 1988, 63-69.
Santalla, María Aurora. "Azucena: una nota infantil en el mundo teatral de José Cid Pérez." *Festschrift José Cid Pérez*, 57-62.
Saz, Agustín del. *Teatro hispanoamericano.* Tomo II, Barcelona, España, Editorial Vergara, 1963.
Seaton, A. G. Editor. *The Writer's Dictionary 1971-1973*, Chicago, St. James Press Ltd., 1973, 71.
"Señor José Cid." *Heraldo de Cárdenas.* Año IV, No. 1163, Cárdenas, 3 de agosto de 1927.
Sobrino Diézquez, José. "Una puerta al mundo del teatro cubano." *Prensa Libre*, Año XVIII, No. 2823, La Habana, 25 de febrero de 1958, 1, 6.
Solórzano, Carlos. *El teatro latinoamericano del siglo XX.* Buenos Aires, Nueva Visión, 1961: México, Editorial Pormaca, 1964, 84.
Tovar, José. "Bambalinas." *La libertad.* Diario de la Mañana, Mendoza, Argentina, 17 de junio de 1948.
"Tracing a Theatrical Heritage." *The Indianapolis Star*, Sunday Magazine, Indianapolis, IN. abril 24 de 1966, 33-34.
Ugarte, Oscar. "Cadenas de amor." *La Discusión*, La Habana, 1º de febrero de 1927.
_____. "Cadenas de amor." *La Discusión,* La Habana, 21 de febrero de 1927.
Valdés de la Paz, Osvaldo. "Teatro en Buenos Aires." *El País* La Habana, Año XXVI, No. 96, La Habana, 22 de abril de 1948.
_____. "Los amigos del teatro en Buenos Aires." *Carteles*, La Habana, No. 31, agosto 1º de 1948, 58-59.
Villalva, Fermín. "Los indios tenían teatro antes de llegar Colón," en *Hablemos*, México, 25 de diciembre de 1966, 4-5.
Villadeamigo, Sonia Zoila. "Dos cubanos que honran a Cuba." La humanidad y yo, *Nueva York al día*, Nueva York. Año XII, 19 de febrero de 1949, 2, 4.
Wellington, Marie A. "Three Women, One Circunstance and a Trio of Plays by José Cid Pérez." *Círculo: Revista de Cultura*, New Jersey, XVIII, 1989.
Who's Who in the Midwest, Chicago, IL., Marquis-Who's Who, 1969-1970,
"World Premiere of Dr. Cid's *Men of Two Worlds* Slated for MSC

Theatre," *Maryville Daily Forum,* MO., Vol. 58, No. 271, 20 de abril de 1968.

The Writers Directory. 1971-73. Chicago-London, St. James Press, 1971, 71.

DOS OBRAS DE VANGUARDIA DE JOSÉ CID PÉREZ

LOS PROGRAMAS DE LA OBRA,
DEBEN REDACTARSE ASÍ:

"LA COMEDIA DE LOS MUERTOS"

(Comedia hiper-realista)

El autor de esta comedia, agradece a los actores
Señores...

(Nombres de los actores que desempeñan papeles dentro del escenario, no los que son espectadores)...

por haberse dejado someter a este experimento psíquico.

Advertencia: Los actores que desempeñan papeles de espectadores, deben confundirse con el público al principio y hasta comprar sus localidades en la taquilla del teatro.

PERSONAJES
LA HIJA
UNO
UNA
OTRO
OTRA
ESPECTADOR
EL AUTOR
EL FANTASMA
EL PADRE
LA MADRE
ESPECTADOR II
ESPECTADOR III
ESPECTADOR IV
EL ABUELO
LA ABUELA
JEFE DE ELECTRICIDAD
TRAMOYISTA
EL JEFE DE LOS TRAMOYISTAS

PRÓLOGO

Al levantarse el telón aparece la sala de una casa señorial, venida a menos. Un reloj de tamaño regular en la pared del fondo, marca las cinco y media. En estos momentos están sacando el féretro con un cadáver que llevan a enterrar. Sólo se ve atravesar de izquierda al foro, por donde lo sacan. Durante este cuadro las actrices y actores comentan el hecho con los mismos motivos de siempre y de vez en cuando se expresan así, pero en voz baja:

UNO.—¡El pobre!
UNA.—¡Pobre hija!
OTRO.—¡Tan buena persona como era!
OTRA.—¡Qué sola la deja! (*Una mujer joven llora sin grandes aspavientos, tranquila, sosegada, detrás del cadáver. Junto a ella algunas amigas que tratan de consolarla. Cuando ya el féretro está traspasando la puerta del foro, cae rápidamente el*

TELÓN

ACTO PRIMERO

La misma sala del prólogo, pero en una soledad completa y en una semi-obscuridad. El reloj marca las siete de la tarde y comienzan a moverse las manecillas rápidamente.

ESPECTADOR. (*Protestando desde su butaca en la platea.*)—¿Pero esto es un juguete cómico o una comedia hiper-realista, como reza en los programas? ¡Estoy un poco viejo para que se me tome el pelo miserablemente!
VARIAS VOCES.—¡Sí, esto es una tontería! ¡Basta! (*Algarabía y protestas en todas partes, en la platea, en los palcos y en las galerías.*)
EL AUTOR. (*Sale con maquillaje natural.*)—¿Qué ocurre? ¿Qué pasa, señores?
ESPECTADOR.—Que ustedes nos están tomando el pelo miserablemente.
EL AUTOR.—¿Qué les estamos tomando el pelo? ¡No comprendo!
ESPECTADOR.—Sí, señor. Nos han presentado un cuadro en que los actores no han dicho nada. Han sacado un cadáver, no sabemos quién es, ni de qué murió, ni nada...
EL AUTOR.—Pues justamente ésa es la trama. Si usted y todos supieran antes de venir al teatro, el desenlace de la obra, no les interesaría... ¡Ya sabrá a su debido tiempo de quién era el cadáver, señor mío!...
ESPECTADOR.—Es que ahora nos presentan una escena, en que un reloj pasa rápidamente las horas. El autor anuncia aquí en los programas que se trata de una obra hiper-realista, un experimento psíquico, y no veo más que cosas tontas y ficticias...
EL AUTOR. (*Honradamente extrañado.*)—¡¿Cosas ficticias?!
ESPECTADOR.—Sí, señor, naturalmente... ¿Pero es qué usted pretende negar lo ficticio y tontos que son estos dos cuadros? ¿A eso le llama usted teatro nuevo?...

93

EL AUTOR.—Naturalmente. ¿Qué es, si no?... Explíquese...
ESPECTADOR.—¿Pero es posible que usted crea que nosotros podemos tomar en serio esta obra, sobre todo, esa escena en que un reloj pasa rápidamente las horas?
EL AUTOR.—¿Se fijó usted la hora que marcaba el reloj en el cuadro anterior?
ESPECTADOR.—No, señor, no creo que tenga importancia.
EL AUTOR.—¿Ve? Pues se equivoca. En el Teatro todo tiene importancia, porque el Teatro es vida real justamente, y en ella, todo, absolutamente todo, tiene un valor estético indudable... Este reloj marcaba en el cuadro anterior las cinco, hora en que acostumbran a sacar los entierros de las casas. En este otro cuadro comenzó a transcurrir el tiempo...
ESPECTADOR.—¿Pues vea usted, señor, por lo que he negado que esta obra sea real?
EL AUTOR.—¿Por qué?...
ESPECTADOR.—Porque en la vida real, no corre tan rápido el tiempo.
EL AUTOR.—Pues está usted equivocado. El tiempo corre más, aún más rápido que en ese reloj.
ESPECTADOR.—¿Entonces para usted hace dos horas que estamos hablando?..
EL AUTOR.—No. ¡Justamente llevamos un año!... ¡Quizás dos!...
ESPECTADOR.—¡Ah, acabáramos!... ¿Es que usted está loco, no?
EL AUTOR.—No, señor, estoy tan cuerdo como usted. No me cree, ¿no?
ESPECTADOR.—¡Qué voy a creerle!...
EL AUTOR.—Bueno, vamos a ver si nos entendemos... ¿Cuántos años tiene usted?...
ESPECTADOR.—¿A usted que le importa?
EL AUTOR.—¡Nada!... Pero, ¿cuántos años se cree usted que tiene?...
ESPECTADOR.—Mire, yo no estoy loco, ¿sabe? No es que yo crea, es que sé que tengo treinta y cinco años, porque nací en el año...
EL AUTOR.—No, no. No me diga el año. No me interesa. Yo sé que usted ha nacido hace apenas un instante.
ESPECTADOR.—¿Qué yo he nacido hace apenas un instante?...
¡Vamos, hombre, está usted verdaderamente loco de atar!...
EL AUTOR.—No, se lo aseguro. Usted nació apenas hace un momento, porque en el tiempo que el mundo es mundo, su vida apenas

es un destello, un instante... Los años que, jactanciosamente, llamamos el largo transcurso de una vida, no son más que un segundo, aún menos.
ESPECTADOR.—¡Ah!.. Refiriéndose a la eternidad, desde luego que mi vida es apenas un instante...
EL AUTOR.—Estamos de acuerdo, ¿no? ¡Menos mal!... ¿Pues por qué no lo estamos en el tiempo que ese reloj marcaba y que los tramoyistas, por motivo de su discusión, han detenido?...
ESPECTADOR.—Es que en mi reloj, que indica el tiempo real, no pasan tan rápido ni el minutero ni el horario.
EL AUTOR.—No insistamos en lo mismo. Para ese reloj suyo, que marca un tiempo prudencial para los hombres, la hora tiene sesenta minutos y el minuto sesenta segundos... Este otro reloj marca lo mismo, pero más real aún que el suyo...
ESPECTADOR.—No me convence.
EL AUTOR.—Creo casi imposible ya, convencerlo. (*Sonriendo sarcásticamente.*) Usted es de esos seres que nunca se quieren convencer de nada, ni aún de la propia realidad... Pero en fin, veremos a ver si llego a tener el arte de convencerlo... A ver ¿sabe usted cuánto dura la vida de una mariposa?
ESPECTADOR.—¡Ah! Pero, ¿es que ahora, pretende examinarme de Historia Natural? Hace muchos años que salí de la escuela...
EL AUTOR.—No señor, no pretendo examinarlo, sólo quiero refrescarle la memoria de una cosa que seguramente conoce... Pues bien, las mariposas viven sólo días, algunas ni eso, apenas unas horas... Es efímera, para nosotros, su vida, ¿no es verdad?... Pues si yo escribiera la historia de una mariposa cualquiera y hablara de años de vida, siglos de existencia, ¿se reiría usted?
ESPECTADOR.—¡Hombre, naturalmente! ¿No acaba de afirmar que vive apenas unas horas?...
EL AUTOR.—Sí y no. Nosotros dividimos los días en horas y las horas en minutos. ¿Qué es el día?... ¿Qué es la hora?... ¿Qué es el minuto?... Un invento del hombre, el reloj, nos indica convencionalmente que dos pases del péndulo son un segundo. ¿Por qué? ¿Qué razón hay para que no sean un siglo?
ESPECTADOR.—Que un siglo tiene cien años.
EL AUTOR.—¿Por qué? ¿Porque los hombres lo hemos marcado así?... Pues quizás para la mariposa, que tiene tanto derecho como nosotros, a dividir el tiempo de su vida, para ella, un segundo de los nuestros, puede ser un siglo... ¿No se ha detenido a

pensarlo? ¿Y las pirámides de Egipto, por ejemplo, para su alma de piedra, los siglos nuestros no serán minutos, segundos quizás?... ¡Ah! ¿Ve?... ¡No se había detenido a pensarlo!... Por eso, usted cree ver en todo lo que yo le presento, un engaño. ¿No ve lo real que es ese todo, en nuestra vides exterior? Usted seguramente piensa que la fantasía es sólo patrimonio de los poetas y dése cuenta que la vida, tal como nosotros nos la forjamos, no deja de ser más que fantasía. Por eso cuando vemos la realidad desnuda, nos creemos engañados... He ahí, por qué la farsa de hoy, ésta que usted ha venido a ver, no es una farsa hecha por la fantasía de un poeta, sino una realidad tangible, descarnada. Véala sin prejuicios, obsérvela sin reservas de ninguna clase, y si encuentra alguna cosa que para usted no sea real y verdadera, proteste, que su propia protesta le dará un cariz de más realidad. Yo he hecho andar rápido a ese reloj, porque no he querido cansarlos a ustedes en sus butacas, hacerlos esperar a que fuera en ese mundo real suyo, las doce de la noche, que es cuando comienza justamente la trama de la obra, y como padre del tiempo que soy en esta comedia, ya que soy su autor, he hecho correr rápidamente los momentos necesarios para llegar al instante preciso de la escena culminante...

ESPECTADOR.—¿Pero si es así, por qué al levantar el telón no hizo que el reloj marcara las doce?

EL AUTOR.—¿Con qué derecho?... ¿Y lo que podía ocurrir en ese transcurso de tiempo?...

ESPECTADOR.—¡Ah! ¿Pero ocurre algo?...

EL AUTOR.—¡Yo qué sé!...

ESPECTADOR.—¿No dice usted que es el autor?...

EL AUTOR.—Sí señor...

ESPECTADOR.—Pues entonces, si usted es el autor, ¿cómo no sabe lo que va a ocurrir en su obra? ¿En el libreto no indica lo que va a pasar?...

EL AUTOR.—No señor. No pienso que ocurra nada.

ESPECTADOR.—Pues entonces no ocurrirá nada...

EL AUTOR.—¿Y la realidad dónde la deja?

ESPECTADOR.—No le entiendo.

EL AUTOR.—Mire. En mi libreto no ocurre nada. Esta misma escena, no la había presentado y mire cómo ha surgido por casualidad. Si yo hubiera marcado en el reloj las doce de la noche, usted no hubiera protestado, yo no hubiera tenido que salir al escenario, posiblemente la obra estaría representándose y no hubiera sucedido nada... ¿Ve? La realidad es distinta. Yo necesitaba prepararlos a ustedes, para la próxima escena, para darles una idea del tiempo prudencial... que el reloj marcara los instantes necesarios, para transportarlos desde la hora en que acostumbran a sacar los entierros de las casas, hasta la precisa en que acostumbran a salir los fantasmas de las tumbas...

ESPECTADOR.—Las doce de la noche, ¿no?...

EL AUTOR.—¡Usted lo ha dicho!... Cuando sienta las doce campanadas de la media noche, verá aparecer por esa puerta el espíritu del cadáver que salió en el féretro, en el cuadro anterior... ¿Está usted, ahora, conforme?...

ESPECTADOR.—A medias, la verdad, porque yo no he visto en mi vida un muerto que camine y que hable, como supongo que hablará y caminará el suyo.

EL AUTOR.—Sí señor, hablará y caminará y le advierto que no hay en estos personajes nada ficticio, nada irreal. Son muertos que andan a diario por las calles de Dios... Usted verá cómo a muchos de ellos los conoce, y cuando los observe se preguntará usted mismo: ¿pero este señor yo lo creí vivo? ¡Qué tonto soy!... Y en verdad son vivos en cuanto a la materia, no así en cuanto al espíritu, porque aquí, le repito, todo es verídico. Verídica es esta casa que, no es de papel y tela... (*Tocando el decorado.*) Esto es madera, mampostería real... Usted mismo, no es usted. ¿Ve? Cuando vino al teatro creyó ser un espectador y resultó ser un actor más, como muchos del público que protestaron con usted. ¿Y sabe por qué?... Porque esto ahora no es un teatro. Esto es... eso... el mundo, la realidad, que no tiene otra explicación... (*En voz alta.*) ¡En fin, tramoyistas sigan la representación, denle de nuevo al reloj rápidamente... Ya pueden marcar las doce para que aparezca el fantasma por esa puerta... (*Señala el foro, en el mismo instante en que se aparece el Fantasma. Está vestido con un traje de última moda, pero todo de blanco, absolutamente todo. El rostro sin maquillaje, contrasta con el del Autor. No da la sensación de un fantasma a la imaginación popular. Es un ser como otro cualquiera.*)

FANTASMA.—No señor autor. Lo he oído todo y usted está equivocado... Se ha confundido conmigo. Yo soy un espíritu moderno, no un fantasma antiguo. No estoy dispuesto a ser cursi, ni a hacer el ridículo, no señor...

EL AUTOR.—Cállese la boca señor... (*), recuerde su papel y no salga a discutir delante del público, que no estamos en un ensayo.
FANTASMA.—Se equivoca usted, yo no soy el señor... (*)
EL AUTOR.—¿No? ¿Y quién es usted, entonces?
FANTASMA.—¿Yo?... El fantasma del señor Pérez.
EL AUTOR.—Bueno, ése es el papel que usted va a desempeñar en mi obra, pero usted es el actor señor... (*)
FANTASMA.—No señor, no soy el actor señor... (*) Ése era yo hace cuestión de un instante: un año, un siglo o un segundo. ¡No lo sé! Los espíritus no tenemos la misma noción del tiempo que ustedes; pero cuando me puse esta indumentaria, cuando me caractericé del espíritu del señor Pérez, cuando comencé a vivir el papel, dejé de ser el actor señor... (*) Mire, ya yo no soy ni siquiera corpóreo, tóqueme y verá...
EL AUTOR. (*Tocándolo.*)—Esto es carne. Usted es una persona viva de carne y hueso...
EL FANTASMA.—No señor, yo soy un espíritu... Usted no ha tocado carne, lo que usted ha palpado es etéreo, gas, espíritu... Es pura ficción de su mente, lo que usted ha creído que tocaba, pues como usted es de carne y hueso, todo lo que toca semejante a usted en figura, cree que es carne y hueso... Yo, en este instante, me considero que soy un espíritu inmaterial y soy un espíritu inmaterial... ¡La vida no es más ni menos que lo que cada uno se cree que es!... Por eso precisamente usted se confunde, yo soy un fantasma real y no un actor, por eso justamente, no creo que deba hacer un papel ridículo ante estos señores... (*Por el público.*) Mis colegas de otras épocas, más infantiles o más sesudos, se mostraban a la vida real, arrastrando cadenas, dando gritos de angustia, infundiendo terror... Pero en estos tiempos ya a los muertos ni se les teme ni se les respeta. Hoy son los niños los que nos meten miedo a nosotros, haciéndonos pensar a dónde ha de llegar la humanidad del futuro. Yo estoy un poco viejo, y no quiero hacer más el ridículo después de muerto, ya que vivo lo hice más de una vez. No espere que yo salga, cuando el reloj marque las doce y suenen las campanas...
EL AUTOR.—Pero mire señor... (*), si esta tarde en el ensayo usted quedó conmigo y con el director, en salir cuando el auditorio estuviera preparado, para dar el efecto apetecido...
FANTASMA.—No insista más en llamarme señor... (*). Yo soy Pérez, nada más que el espíritu del señor Pérez, y no he tenido por

qué ensayar con usted, nada, absolutamente nada, nunca... A lo mejor se cree usted que soy un personaje de su fantasía...
EL AUTOR.—Desde luego que usted es el personaje central de mi obra... El protagonista, pudiéramos decir...
FANTASMA.—¡Qué jactancioso es usted!... No señor. Míreme bien. Usted no me conoce sino circunstancialmente. Usted me ha querido sacar del montón, eso sí, pero no me ha formado. No se vanaglorie de eso. Mi vida, con mis virtudes y mis defectos es mía, es más, ni siquiera mía, es de la existencia misma... Por eso no soy yo y usted menos quien me mueve, ni me hace hablar, es la realidad de mi propia existencia, que teje y desteje la amalgama de la vida, en ese mundo de locos donde he vivido y en donde he sido un loco más... Ahora soy el propio espíritu que se gobierna solo, es decir, por la fuerza del yo consciente. Ahora, libre del cuerpo, actúo, no por las circunstancias que me movieron en mi vida corpórea. Aquí en la vida espiritual, no hay convencionalismos, no hay hipocresía, no hay política, no hay vanidad, no hay más que descarnada realidad, por eso señor autor, no estoy dispuesto a hacer el ridículo, porque me sé responsable de mi propia actuación...
EL AUTOR.—Muy bien, señor... Fantasma. Pero piense que va usted a vivir instantes en la vida corpórea y es necesario que aparezca de noche, para que crean en usted y no duden de la realidad...
FANTASMA.—Pero es que, eso de que los muertos salen sólo de noche es un mito. Yo puedo salir a cualquier hora, lo mismo de día que de noche. Es más, no es que salga, es que me haga visible a la vista de los demás seres, porque en la realidad nosotros no desaparecemos de este mundo, somos demasiado apegados a lo nuestro, como mortales al fin, y estamos siempre presentes ante lo que fue nuestro en la vida terrestre...
EL AUTOR.—Se equivoca, amigo mío, bien se ve que está usted recién desencarnado... Usted podrá salir a cualquier hora del día, en otra época futura, pero en ésta, en que las mentes infantiles de los hombres, aún no pueden comprender y no comprendiendo, no quieren creer en los muertos que salen de día... Son muy pocos los que conciben esta idea y esos pocos, no pueden pensar nunca en que los muertos aparezcan a otra hora que no sea a las doce de la noche... La humanidad es demasiado infantil todavía. A lo mejor sale usted y lo confunden con un ser viviente y no lo pasará muy bien, se lo aseguro...

FANTASMA.—¡Bueno! ¿Qué quiere usted, que salga a las doce de la noche en vez de a otra hora?... ¡Transijo!... ¡Ah, pero con una condición!
EL AUTOR. (*Cansado, molesto.*)—¿Cuál?...
FANTASMA.—Que estamos en el siglo de la electricidad y de la energía atómica. En esta época, por lo regular los relojes no tienen campanas, son silenciosos y menos lúgubres en la noche que los del siglo pasado. Yo estoy dispuesto a salir a las doce de la noche si ese reloj es eléctrico y se calla o sea que no toque ninguna campana...
EL AUTOR.—Pero es que son necesarias esas campanas, para preparar más al auditorio, al acto un poco fúnebre de su salida a escena...
FANTASMA. (*Molesto.*)—¿Pero, por qué ha de ser fúnebre mi salida a escena?...
EL AUTOR.—Porque lo más natural es que, todo lo que sea de muertos, sea fúnebre...
FANTASMA.—Sí, en cuanto a la materia se refiere, que es lo que muere, pero en cuanto al espíritu, no... El espíritu es eterno e inmaterial. ¿Por qué al salir a la vida corpórea ha de hacerse en el misterio o en el terror?
EL AUTOR.—Por la misma razón que le dije hace un momento, porque la mente de los hombres es aún muy infantil...
FANTASMA.—Pero si el que aparece es el espíritu de un ser querido, ¿por qué razón ha de temérsele, si siempre ha de venir para proporcionar un bien? Si se tratara de aparecer ante alguno de nuestros enemigos, entonces sí me explico que nos tuviese miedo. Pero la verdad sea dicha, el odio muere con la materia, la enemistad acaba con la muerte, los espíritus somos tan superiores que no nos acordamos de las mezquindades de la materia. Así que amigo mío, yo salgo naturalmente, como un ser cualquiera, sin tenebrosidades, en plena claridad, aunque sea en el mundo suyo las doce o la una de la madrugada, pero en medio de un silencio solemne, como cuadra a los espíritus por nuestra seriedad de desencarnados... ¿Está conforme así o no?
EL AUTOR.—¡Qué se va a hacer!... Que no suene la campana. Acabe usted de entrar, por favor. Se hará, como usted quiera...
FANTASMA.—¡Ah,no! Como yo quiera, no, como debe ser...
EL AUTOR.—Bueno, como debe ser, pero entre. (*El Fantasma entra.*) ¡Tramoyistas! ¡Bajen de nuevo el telón! ¡Arreglen el reloj!

Traspunte, comience de nuevo la comedia en el segundo cuadro... (*Al público.*) Señores: la realidad es dura y escabrosa a veces, por eso nos exige en esta ocasión, como en otras muchas, un poco de paciencia.

TELÓN

Julio y septiembre de 1937

(*) Debe decirse el nombre del actor o actriz que desempeña el papel.

ACTO SEGUNDO

La sala del cuadro anterior en la misma semi-obscuridad. El reloj que está iluminado tenuemente marca las siete de la noche. Al levantarse el telón las manecillas comienzan a moverse, hasta que señalan las doce.

EL FANTASMA. (*Saliendo por la puerta indicada por el Autor en el acto anterior.*)—¡Ester!... ¡Ester!... ¡No sé que me pasa! Entro en casa y las personas parece que no me ven, les hablo y no me contestan, las nombro y no parece que me oigan. ¡Esto es algo que francamente no me explico!... En el comedor vi a mi hija, la llamé y no me respondió... ¿Qué es esto?... ¿Qué me ocurre?... ¿Pero es que estoy hablando en alta voz, ante ustedes?... (*Por el público.*) ¡No me explico!... Tengo francamente un estado incomprensible... Hablando en alta voz, en un monólogo de teatro antiguo... ¡Bueno! ¿Existe o no existe el monólogo? Yo siempre me he reído y hasta he criticado al autor, cuando asistía al teatro y oía en boca de un actor un parlamento largo, en que hablaba solo y en alta voz, porque ¿cómo es posible que un hombre cuerdo hable solo en alta voz? Y ahora, resulta que yo estoy hablando en alta voz y sin embargo estoy cuerdo... Y no es que hable mi subconsciente no, como otras veces, sino a viva voz... Ustedes mismos me están oyendo, ¿Y por qué no me hablan, para dejar de monologar?... Es horrible, quisiera pensar y no hablar y me ocurre lo contrario, hablo y no pienso... ¡Esto es un absurdo!... Quiero pensar y no hablar y... ¿por qué no puedo...?

EL PADRE. (*Sale por detrás, vestido como el Fantasma, todo de blanco, pero a la moda de 1900. Lo toca en el hombro.*)—¡Porque ya no tienes cerebro para pensar!

EL FANTASMA.—¡Papá! ¿Tú?... Pero qué cosas más absurdas me pasan... Te veo y no me asusto, te siento y no te temo, te miro y no me sorprendo... Sé que estás muerto hace algunos años y sin embargo, veo tu figura y no me parece rara...

EL PADRE.—¿Es que no comprendes que ya no eres de carne y hueso?

EL FANTASMA.—Sé que soy espíritu ¿y qué?

EL PADRE.—Que tú también has muerto...

EL FANTASMA.—Qué cosas tan vacías e incomprensibles me dices... ¡Muerto!... ¡Morir!... Y ¿qué es morir?...

EL PADRE.—Desencarnar...

EL FANTASMA.—¡Bien! ¿Y qué es desencarnar?...

EL PADRE.—No puedes comprenderlo porque estás en una transición psíquica, en un momento de confusionismo... El tiempo será quien haga tu propia evolución y entonces comprenderás...

EL FANTASMA.—¿El tiempo y la propia vida, dirás?

EL PADRE.—¿A qué llamas tú, vida?...

EL FANTASMA.—¿A qué?... ¡A vivir!

EL PADRE.—No te das cuenta que estás tras la vida. Estás en el éter, no en la carne...

EL FANTASMA.—¿Pero qué hacemos sino vivir?...

EL PADRE.—Vive la carne, vive la realidad consciente de la mentalidad humana, pero el misterio de esta esfera o periferia, es distinto... Sólo lo comprendemos los que hemos atravesado las capas espirituales de la perfección y eso nunca ocurre en los primeros instantes del desencarnamiento... El mundo, digo, eso que tú llamabas el mundo hasta hace unos momentos, es un átomo y todo él junto, es aún más insignificante que tú, pero en tu estado actual, porque aquello vive, se agita, se mueve, sólo porque lo alienta el espíritu, lo que tú y yo somos, que en realidad no somos nosotros...

EL FANTASMA.—¿Cómo que nosotros, no somos nosotros? ¡Cada vez te entiendo menos!

EL PADRE.—No, no somos nosotros, porque nosotros somos parte de ese Todo...

EL FANTASMA.—¿De qué todo? No te entiendo ni jota.

EL PADRE.—Estás muy apegado a la carne aún para comprenderme... Hace pocos, muy pocos instantes, aclamabas a Dios que te llevara junto a Él... ¿Y, no comprendes ahora, que eres una partícula de ese Dios, que aclamabas hace un rato?...

EL FANTASMA.—Pero padre, ¿es que he perdido la razón? ¡No puedo comprenderte!...

EL PADRE.—Es que aquí no existe la razón, como no existe el tiempo, ni existe la fe, ni la esperanza y menos aún el terrible mal de la caridad... Aquí, todo es presente, nada es pasado, nada es futuro... ¡Todo lo alienta el Soplo de Dios!...
EL FANTASMA.—¿Y Dios, dónde está?...
EL PADRE.—¡Aquí!...
EL FANTASMA.—¿Dónde?
EL PADRE. (*Se ha cambiado al otro extremo del escenario.*)—¡Aquí!...
EL FANTASMA.—Pero explícate dónde, que me atormentas.
EL PADRE.—Explicándote estoy algo que no puedo explicarte y que tú no te explicarías, pero que en un momento determinado en tu evolución lo verás, no tendrás necesidad de creerlo.
EL FANTASMA.—¿Pero cómo dices que lo veré y no lo creeré? ¿Acaso he de dudarlo?...
EL PADRE.—No. Aquí tampoco existe la duda, ni la fe... ¡Ya te lo he dicho!... Lo verás tangible, sin mixtificaciones humanas, porque es lo lógico, lo natural, que veas a Dios, como es, no como queremos que sea...
EL FANTASMA.—Me hago en mi cerebro un lío, no puedo someramente comprenderte...
EL PADRE.—¿Cerebro?... ¿Dónde está?... El cerebro es una fuerza del éter, pero no existe en la realidad... La comprensión, no es tal comprensión, es una evolución.
EL FANTASMA.—¿Pero si ésta es la región de la claridad, de la verdad, por qué no la veo? ¿Por qué no la comprendo?...
EL PADRE.—¿Por qué? Porque la verdad se ha volcado de golpe y te ha cegado, no tus ojos materiales; sino tu comprensión humana... Dentro de poco irás despejándote ante la realidad, irás evolucionando...
LA MADRE. (*Aparece también vistiendo la misma moda de 1900 que el padre. Habla con dulzura.*) ¿Qué te pasa, hijo? ¿Cuál es tu amargura, tu angustia?
EL FANTASMA.—¿Tú también, madre?... ¡Y no me sorprendo de nada! Lo veo todo tan natural, que ni un sueño me parece...
EL PADRE.—Es que ya tú no puedes soñar...
LA MADRE.—El sueño es la disgregación del espíritu, la separación momentánea de la materia, sin evolucionar. Por eso no podías comprender los sueños. Hoy no te causaría asombro nada, pero tampoco nada verás en la realidad, porque ya estás desintegra-

do. La materia donde habitabas está en descomposición química, para volver a lo que era: tierra, material animal, material mineral, material vegetal... Ya no te une ni siquiera la continuidad como en el sueño. Esa es la única diferencia que existe entre el sueño y la muerte.

EL FANTASMA.—Así que estoy muerto, que soy un cadáver...

EL PADRE.—No; no eres un cadáver, ya ni tu materia lo es, pues se ha descompuesto... Ya estás enterrado. Justo es ahora que nos sentemos un poco y charlemos, que los espíritus también deben sentarse...

EL FANTASMA.—No me explico. ¡Nunca pensé que el espíritu tuviera necesidades físicas!...

EL PADRE.—No las tiene; pero cuando nos posesionamos de un cuerpo humano, cuando vamos a presentarnos ante los hombres, tenemos la necesidad de corporizarnos, es decir de tomar una figura humana, debemos tener sus propias costumbres, para que todos nos vean realmente y así nos comprendan...

EL FANTASMA.—Pero si somos en realidad espíritus, el espíritu no debe tener forma...

LA MADRE.—No la tiene. Justamente nosotros, ni somos ni tenemos forma, no somos ni éter ni materia... Somos eso... espíritu ... Pero aún ante tus ojos, hemos tenido que presentarnos con la figura que tus ojos y tu mente, y mejor tu espíritu nos vio por última vez, con las mismas formas humanas y hasta con la última vestimenta con que abandonamos el mundo, para que así te puedas dar idea de quiénes somos porque aún no tienes vista, fíjate bien, vista espiritual para vernos como fuerza, no como seres humanos... Hoy estamos ante este público representando una comedia y si no tuviéramos nada más que el aliento espiritual no nos verían y menos nos podrían comprender...

EL FANTASMA.—¿Por qué?

EL PADRE.—Porque hay una diferencia enorme entre el plano astral y el plano terreno... Mira tú mismo, ¿no ves cuántos seres nos rodean en este escenario?...

EL FANTASMA.—Sí; veo muchos...

LA MADRE.—Pregúntale a cualquiera del público si los ve...

EL FANTASMA. (*A un actor que está en el público.*) Señor, usted me hace el favor de decirme: ¿ve aquí a mi lado estas dos niñas?

ESPECTADOR II.—No, no veo a nadie...

EL FANTASMA. (*A otro actor que hace de espectador.*)—¿Y usted ve a este viejo que sonríe?...
ESPECTADOR III.—No Señor, no lo veo...
EL PADRE.—¡No te canses!... Ellos no lo pueden ver como tú lo ves. Igualmente te pasa a ti con otros seres que están en planos superiores...
LA MADRE.—¿Puedes distinguir en el público otros seres que no sean corpóreos?...
EL FANTASMA.—Sí, veo miles que vagan...
EL PADRE.—Te equivocas, no ves miles, ves uno... Es que todos son parte de ese Todo, de ese Todo que yo te he dicho...
EL FANTASMA.—No puede ser, ellos tienen que verlos, como yo los estoy viendo...
LA MADRE.—No hijo, pregúntales si quieres...
EL FANTASMA. (*Al Espectador IV, que no se ha mostrado hasta este momento y que está justamente en medio de la sala de platea.*)—¿Y usted tampoco ve esos seres que lo rodean?
ESPECTADOR IV.—No Señor, en lo absoluto. No veo más que a este señor y a esta señora que creo que están muy vivos...
EL FANTASMA.—¿Y a los otros, no?... Ese que justamente lo besa ahora...
ESPECTADOR IV. (*Asustado, llevándose la mano a la mejilla y francamente impresionado, como si lo hubieran besado.*)—¡Sí! He sentido el beso en mi mejilla, pero no lo he visto...
EL ABUELO. (*Su voz sin que lo vea el público, debe salir por medio de un amplificador, como si el personaje estuviera en el escenario. Debe modularse la voz, hasta conseguir el efecto que parezca que es la persona la que habla y no el amplificador o alto parlante.*)—¿Y tú a mí, me ves?
EL FANTASMA. (*Mirando a todas partes del escenario.*)—No, te oigo, pero no te veo... Ni sé quién eres.
EL ABUELO.—¿Te das cuenta como ni tú puedes ver muchas cosas, a pesar de estar desencarnado?
EL PADRE.—Pero es que yo, tampoco te veo... ¿No sabes de quién es esa voz?...
EL FANTASMA.—No.
EL ABUELO. (*Siempre por el altoparlante, pero con voz gangosa de viejo.*) ¿Y no recuerdas esta voz?
EL FANTASMA.—¡Sí, la del abuelo Tomás!...
EL ABUELO. (*Ya con voz natural.*)—¡La misma!.. ¿Ves? Ni tu padre

que hace tiempo desencarnó, me ha podido ver... (*Efectivamente El Padre, busca por el escenario la figura del Abuelo.*)
LA MADRE. (*Mirando a un punto cualquiera de la parte alta de la sala con una gran serenidad.*)—Pero yo sí. Te veo y te he visto siempre...
EL ABUELO.—Porque estás en otro plano...
EL FANTASMA.—¡Cada vez comprendo menos!
EL ABUELO. (*Que con traje de 1870, blanco, igual a los otros con barba y bigote de la época, atraviesa las lunetas, dando la sensación de hacerse visible en medio de la propia sala.*)—¡No! Cada día veras mejor, y comprenderás más. Por eso justamente crees que comprendes menos...
EL FANTASMA.—¡Abuelo!
EL PADRE.—¡Papá!
LA MADRE.—¡Don Tomás!
EL ABUELO.—Me he corporizado para que todos me puedan observar. He descendido a un plano inferior, para poder llegar a la propia evolución humana... (*Dirigiéndose al Espectador primero.*) No se asuste. Ahora soy yo de carne y hueso. Aunque esta ropa representa otra época lejana, no tiene color, pero tampoco tiene el olor de las cosas viejas, ni el de la ropa de ultratumba... Míreme, tóqueme, pálpeme y verá que no lo engaño...
ESPECTADOR.—Usted es el actor... (*). No me engaña.
EL ABUELO.—¿Y quién ha pretendido engañarlo? Sí; soy un actor. El actor... (*), para la farsa del mundo, por la necesidad de mi corporización en esta comedia hiper-realista, pero no soy el espíritu del actor señor... (*), he dejado de ser él, para ser yo... He tomado al actor como medio para presentarme ante ustedes. Por eso con anterioridad le hice escoger el diseño de una ropa que era la misma que yo usé en mi mortaja... ¿Y usted sabe por qué?... Porque como era necesario presentarme realmente ante ustedes, busqué los medios para hacerme visible... Soy el espíritu de Tomás Pérez, el abuelo de ese difunto, que tampoco es él, porque ahora está representado por el actor señor... (*). Y todo esto es porque, como en el teatro de la vida, necesitamos de los medios, llamémosle *mediums*, vehículos o actores, para podernos comunicar en este siglo con ustedes. ¡Qué importa que éste sea el cuerpo del actor... (*) si en realidad no soy él, no soy más que el espíritu de Tomás Pérez!...
ESPECTADOR.—No lo creo, hombre, no soy tan niño... Lo que pa-

sa es que el autor ha querido divertirse con nosotros y sobre todo a costa mía y ha escrito esta tontería que llama *"Comedia de los Muertos"*...

EL ABUELO.—No. ¡Hasta este preciso instante no hay farsa, amigo mío!... Todo lo que usted ha estado observando, no es más que una realidad consciente, en que el propio autor no ha intervenido en nada... Mire como todo es realidad, que ante sus propios ojos, sin usted darse cuenta, me he corporizado yo, y ahí en el escenario se ha corporizado mi mujer.

LA ABUELA. (*Efectivamente hace rato estaba sentada en una butaca. Viste la moda de 1850. Es suave, amable y se le transluce una gran comprensión y bondad.*)—Sí. Aquí estaba con ustedes hace mucho, desde que comenzaron a discutir, pero no creí necesario corporizarme. Lo he hecho para que esos humanos que viven en el mundo se den cuenta, no de la nuestra, sino de su propia realidad. No es esta una comedia que venimos a representar, es la trasgresión de nosotros a una verdad consciente, a una realidad humana...

EL ABUELO.—¿Ve usted?

ESPECTADOR.—No; no veo más que una burda farsa representada por malos cómicos...

EL ABUELO.—No, no mienta. Farsa es su propia vida, en donde usted es un mal actor, que repite a diario las frases que el apuntador del mundo le dicta, de acuerdo con el libreto del creador de su farsa, el propio Espíritu del Orbe... Nosotros ni apuntador tenemos. Mire, no hay concha. (*Indica al escenario, donde no hay apuntador.*) Es porque no actuamos de acuerdo con una farsa preconcebida, sino de acuerdo con nuestra propia existencia... No crea usted tampoco que ni su duda, ni su verdad, ni su incredulidad es consciente, no... ¡Usted no ve, porque no puede ver! ¡Usted no siente, porque no puede sentir! No ha evolucionado lo suficiente... Es que sus ojos no son aptos para ciertas realidades...

ESPECTADOR.—No sea tonto... Vaya al escenario, siga su papel en la farsa y no me moleste más... Voy a tener que quejarme a la empresa o algún jefe del teatro... Yo he pagado mi localidad y usted y el autor no hacen más que molestarme...

EL ABUELO.—Se equivoca...

LA ABUELA.—Déjalo Tomás...

EL ABUELO.—No. Sí quiero y debo convencerlo que no es así. Quiero que sepa que no ha venido al teatro, porque él haya querido, sino porque tenía que venir a representar su papel, el que está haciendo... Es que le pasa como a nosotros que venimos en otros cuerpos, pero somos los mismos espíritus por quienes hablamos...

ESPECTADOR. (*Molesto, protestando.*)—Pero en mi caso es bien distinto, ¿eh?... Yo tengo mi propio espíritu...

EL ABUELO. (*Sonriéndose.*)—Efectivamente ¿ve?... Ya comprende que usted tiene su propio espíritu, pero ya pone en tela de juicio, si en este cuerpo está el espíritu de... (*) o el de Tomás Pérez. Y todo es porque en su interior están luchando en la duda, la verdad y la mentira... No sabe si esto es realidad o es farsa, como ha estado discutiendo desde que comenzó la función... Ahora ante lo dicho, los hechos reales y palpables, lo hacen no dar su brazo a torcer y duda...

ESPECTADOR. (*Molesto.*)—¡No, hombre, no; qué voy a dudar! Esto es verdaderamente ridículo...

EL ABUELO.—¿Es ridículo y se exaspera?... Si usted se supiera burlado, no sólo hubiera protestado, sino que ya se hubiera marchado del teatro...

ESPECTADOR.—Tentado estoy de hacerlo...

EL ABUELO.—¡Hágalo si puede!...

ESPECTADOR.—Puedo, pero ahora no quiero irme...

EL ABUELO.—¿Sabe por qué?... Porque sencillamente está curioso de saber lo que va a pasar... No se va, porque no puede irse, por su propia duda, porque ella lo retiene... Su duda es la misma realidad de que yo le hablaba.

EL AUTOR. (*Sale de nuevo al proscenio.*)—Señor... (*), tenga la amabilidad de no seguir discutiendo más y acabe de subir al escenario para continuar la representación, ¿no ve usted a sus compañeros que llevan un largo rato, sin decir un solo bocadillo?...

EL ABUELO.—¿Y qué apuro hay?... La representación humana es tan eterna, como la vida misma, pues mientras exista el mortal sobre la faz de la Tierra, existirá la comedia...

EL AUTOR.—¿Pero usted no sabe que hoy estamos representando una parte de esa comedia humana, en el espacio limitado de un teatro y de un tiempo prudencial?...

EL ABUELO.—¡Lo sé! Pero quiero demostrarle a este incrédulo, la verdad palpable de todo... De que ésta es una comedia hiper-rea-

lista, no una comedia de farsa, como está él acostumbrado a ver...
ESPECTADOR.—Por mí, no lo haga. No me va a convencer. Suba, tenga la amabilidad... Siga su comedia...
EL ABUELO.—Piense que cuando se vaya a convencer, va a ser un poco tarde... ¡Quizás como le pasa a mi nieto!...
ESPECTADOR.—Cuando me muera, entonces, ¿no?... ¡Bueno, de aquí a allá!...
EL ABUELO.—¿Quién le asegura que no sea esta noche?... ¿Mañana?... ¿Dentro de un soplo?...
ESPECTADOR. (*Un poco asustado.*)—Mire... ¡No me moleste más!... ¡Haga el favor!...
EL AUTOR.—¡Déjelo!... Hágame el favor de venir...
EL ABUELO.—Ya, ya voy. (*Se dirige al escenario y sube por un costado o por una escalerita que está puesta de antemano.*)
EL AUTOR.—¡Bueno! Ya están todos en escena. ¡Sigan la representación!...
LA ABUELA.—¿Qué dice, buen hombre?... ¿En qué momento se ha suspendido la representación, que no me he dado cuenta?...
EL AUTOR.—Desde que el señor... (*) se puso a desbarrar en la sala...
LA ABUELA.—¿Eso cree usted?... ¡Pues se equivoca! La representación hace muchos siglos, esos siglos suyos, que ha comenzado y aún no ha bajado el telón...
EL AUTOR.—No entremos ahora, usted y yo, en disquisiciones filosóficas, que esta noche es la más horrible de mi vida... Intenté hacer una comedia sin trascendencia y busqué como personajes a ustedes, como muertos que son, pensando que eran los que menos podían hacerme daño, porque los creía inofensivos...
TODOS. (*En protesta unísona.*)—¡Es que lo somos! ¡Es que lo somos!
EL AUTOR.—Eso creen ustedes, pero ya ven cuánto he pasado yo y está pasando el público por ver la representación de esta comedia...
EL FANTASMA.—¡No hubiera hecho una obra hiper-realista!
LA ABUELA.—¡Tienen razón los dos!... Somos y no somos inofensivos... La humanidad no nos importa, al parecer, pero resulta que nos llaman nuestros viejos afectos y es natural que a veces, aparezcamos bajo una forma dañina, para los mortales... ¿Y saben por qué? Porque la fuerza del espíritu, la fuerza de los planos superiores hace causar el sueño soporífero, el dolor de sen-

tirnos y no podernos hablar, la angustia de vernos y no tocarnos, y lo que es peor, la enfermedad corporal del contacto espiritual, cuando aún estamos confusos en este plano astral...

EL AUTOR.—Me está usted hablando de Metasíquica, que yo no entiendo ni jota...

LA MADRE.—¿Y cómo se atrevió a hacer una obra de espíritus, si no sabía nada de nosotros, si inclusive dudaba usted de nosotros, es decir, no de nuestra existencia, sino de nuestra influencia en el mundo terreno?

EL AUTOR.—¡Y yo qué sé!...

EL FANTASMA.—¡Ah! ¿Pero usted no sabe por qué escribe?

EL AUTOR.—No. Nunca lo he sabido... Escribo porque tengo necesidad de escribir...

LA MADRE.—¿Escribe usted o le escriben?

EL AUTOR. (*Contrariado y molesto.*)—Oiga, óigame señora, un momento ¿eh?... Creo que soy yo quien escribe...

EL PADRE.—No le ha entendido, ella se refiere a que si usted sabe que lo que usted escribe, no es a usted a quien se le ocurre, sino que hay alguien que se lo dicta al oído...

EL AUTOR.—¡Hombre, no!... Amado Nervo, el poeta mexicano, decía que escribía lo que alguien le dictaba.

EL ABUELO.—¿Y usted escribe por vivir?...

EL AUTOR. (*Sincero.*)—No, lo contrario, creo que vivo por escribir...

LA ABUELA.—Es natural, usted no puede comprenderlo, aún no ha desencarnado, ni siquiera ha evolucionado... Usted tiene un mensaje en sí, de ultratumba, pero usted mismo ignora que es del más allá... Usted no escribe porque quiere; sino porque le ordenan... Observe las miles de peripecias de hoy, con su obra hiper-realista...

EL AUTOR.—Pero es que mi comedia apenas ha empezado...

EL FANTASMA.—No. Ya estamos en el segundo acto, en el tercer cuadro... si la dividimos con el convencionalismo humano de la teoría literaria.

EL AUTOR.—No, que nada de esto hasta el presente, está en el libreto de mi obra...

EL ABUELO.—Naturalmente, como que usted ha querido hacer una comedia hiper-realista de los muertos, y nosotros hemos venido a hacer no su comedia; sino la nuestra...

LA ABUELA.—Sí, aquí estamos... Todos somos espíritus, muertos de verdad, no ficticios... Los mismos espíritus que le ordenamos que anunciara así su obra, para hacerles vivir a usted y a todos ésos, un momento en la realidad de ultratumba, para que vean que nada sucede, sin que nuestro plano astral lo ordene... Son ustedes los receptores de estas regiones astrales... Los que escriben, los que componen, no son más que ecos del pasado, que están latentes, vibrantes en un plano al que los hombres receptores, como los aparatos de radio, pueden sintonizar... Por otra parte, los videntes, no son más que seres dotados de una especie de televisión humana, que captan la onda de nuestras figuras en el espacio, en el éter...

EL ABUELO.—Algún día podrán fácilmente sintonizarnos con sólo desearlo, porque las ideas y los conceptos no son del plano terrestre, sino del astral y todo queda almacenado en ciertas capas etéreas... En el mundo no hay nada nuevo, todo lo han dicho los dioses, porque dioses son los hombres cuyos cerebros estaban predestinados para sintonizar la idea. Todo artista, todo escritor, todo músico, no es más que un radio receptor humano...

EL AUTOR.—¿Entonces lo que yo he escrito, lo ha dicho alguien antes?...

LA ABUELA.—Claro. Lo que usted ha escrito, no ha sido idea suya, sino que usted incondicionalmente sintonizó o sintió vibrar las ondas de las capas superiores, donde se almacenaban esas ideas, quizás desde qué lejano tiempo...

EL AUTOR.—Francamente no lo comprendo del todo, pues creo ver que ustedes indican que nada muere, ni las ideas, ni las palabras, ni la música, pues están en el éter...

EL ABUELO.—Naturalmente... Suben con las capas, con las capas en donde se desarrolló la idea. Están latentes en el universo...

LA ABUELA.—¡Algún día, quizá en no muy lejano tiempo, cuando la humanidad esté más avanzada en sus estudios psíquicos podrá fácilmente oír las ideas, por medio de la sintonización voluntaria, de Sócrates, de Descartes, de Cicerón o bien, de Shakespeare, de Bolívar, de Lincoln o de Martí...

EL AUTOR.—¡Bueno! Estoy conforme con todo, pero les suplico que continúen la representación, que se hace muy tarde... ¡Miren la hora que es ya!...

EL ABUELO.—Para nosotros, ya sabe usted, que no existe la noción del tiempo ni del espacio...

EL AUTOR.—Pero en este mundo sí... No puedo oírlo hablar más, le suplico que siga la obra...
EL FANTASMA.—No. No podemos seguir, porque ya debe terminar este acto... El cuerpo está fatigado, por la carga de nuestros espíritus, vamos a descansar a los camerinos de los actores...
EL ABUELO. (*Dirigiéndose a la Abuela.*)—¿Sabes cuál es el camerino que te corresponde a ti?...
LA ABUELA.—Sí, el de la actriz... (*) El número dos. ¿Y el tuyo?
EL ABUELO.—El seis.
EL AUTOR.—Pero no se metan adentro, ahora... No se vayan de escena... El público se impacienta...
EL PADRE.—Por el público no lo haga. El público siempre se impacienta...
LA MADRE.—No es posible, amigo mío, debemos descansar, piense que tenemos una constitución física verídica, en este momento...
EL AUTOR.—Si son verdaderos espíritus, no deben cansarse...
EL PADRE.—El espíritu no se cansa... Lo que se cansa y está casi agotado es el cuerpo mortal que tenemos...
EL AUTOR.—Pues yo me opongo, porque no vamos a estar aquí toda la vida. ¡Sigan la representación!...
EL ABUELO.—No se oponga, porque de todas maneras se suspenderá por quince minutos...
EL AUTOR.—He dicho que no, que no se suspenderá... ¡No quiero!
LA ABUELA.—Mire, ese decorado se hace transparente, ¿ve?... Observe a los tramoyistas y el fondo del escenario... (*Efectivamente parte del decorado se ha transparentado y se ve el interior del escenario, al encenderse una fuerte luz.*)
EL AUTOR.—¡Esto es sabotaje!... ¡Electricistas!... ¡Jefe de iluminación!...
JEFE DE ELECTRICIDAD. (*Sale maquillado como el autor y en su uniforme de trabajo.*)—¿Qué pasa?...¿Por qué grita?
EL AUTOR. (*Violento.*)—¿Qué luces han encendido que han transparentado ese decorado?
JEFE DE ELECTRICIDAD. (*Mirando a todos los lados del decorado.*)—¿Cuál?...
EL AUTOR.—Ese que está frente a usted. ¿No lo ve?... ¿No ve el fondo del escenario claramente?
JEFE DE ELECTRICIDAD. (*Asombrado.*)—Pero, ¿cuál?... Yo no veo ningún decorado que se transparente y ninguno de nosotros ha tocado el control de las luces para nada... Yo me he manteni-

do en mi puesto... Mire, si están encendidas las mismas que iluminamos al principio del acto...
LA ABUELA.—No intente, que ellos no lo verán. Para sus ojos no hay nada visible, sólo lo ve usted y el público... Le aconsejo que mande bajar el telón y dejarnos descansar quince minutos tan sólo... A los quince minutos exactos, comenzará la representación y ese decorado, sin tocarlo nadie, se hará de nuevo corpóreo, y seguiremos el último cuadro de esta comedia hiper-realista...
EL AUTOR. (*Resignado.*)—¡Bueno! ¡Qué se va a hacer!... ¡Que se suspenda!... (*Al público.*) No soy yo, señoras y señores, el culpable, es la realidad... Esa que ustedes, muchas veces, no han creído, de la que dudaba usted amigo mío. (*Señalando al Espectador I.*) Y en la que yo, en el fondo, tampoco creía... Pero ante ella, me doy por vencido... ¡Contra la voluntad del Más Allá, nada puedo hacer!... (*Ordenando.*) ¡Tramoyistas! ¡Bajen el telón! ¡Enciendan la sala! ¡Apaguen las candilejas!... Y... ¡hasta dentro de quince minutos, si Dios y estos señores, quieren!...

TELÓN

ACTO TERCERO

A los quince minutos exactos del acto anterior. La escena está igual, sólo que los actores se encuentran sentados, formando verdaderos cuadros. A la derecha en butacas o sillones antiguos que ya estaban desde el prólogo, el Abuelo y la Abuela. Los muebles han de ser de 1850 más o menos. A la izquierda, muebles de principios de siglo, y una consola de la misma época. En ellos sentados, el padre y la madre. Y al centro, ante un moderno radiofonógrafo, una butaca modernista, donde está sentado el Fantasma. Se alza el telón y todo permanece oscuro. Los actores se encuentran semidormidos. Después de un momento, se encienden las candilejas, y cuando el público está en sus puestos, comienza la acción.

EL ABUELO.—¡Ya, ya han pasado los quince minutos en el reloj de los hombres!
LA ABUELA.—¡Con qué poco se conforma la materia!
LA MADRE.—¡Es el tiempo escaso para un suspiro!
EL PADRE.—¡Menos que eso, el tiempo para esbozar una sonrisa!
EL FANTASMA.—¡Me siento cansado! ¡Muy cansado!...
LA ABUELA.—Porque tu espíritu está turbado, aún no has evolucionado lo suficiente y es natural que hagas sufrir a la materia.
EL ABUELO.—Perturbas todo con tu presencia.
EL FANTASMA.—Es que no me acostumbro a no vivir...
EL PADRE.—Es lo más difícil para el espíritu, que se encuentra tan apegado a la materia, el desintegrarse de su forma humana...
LA MADRE.—¡Nos atrae tanto la tierra!...
EL FANTASMA.—¡Nos atrae tanto la vida!
LA ABUELA.—Al principio, después los que nos atraen son los afectos de los seres humanos pero sin apasionamientos, cuando están latentes en el subconsciente de ellos. En el instante del desencarnamiento, cuando el cuerpo humano deja de vibrar, aunque todas sus células estén aún vivas, cuando no existe la unidad de

ellas, porque el aliento de su existencia se separa, en ese instante, todas las almas queremos arrastrar al más allá, a los seres más queridos. Es el último egoísmo, inconsciente eso sí, que nos queda. Por eso en ese momento de la muerte, los seres más queridos que se encuentran a nuestro alrededor sufren un desgajamiento terrible... Es que el espíritu desencarnado arrastra, en su lucha con la materia, todo tras de sí... Quiere llevarse lo más amado...

EL FANTASMA.—¿Fue eso tan inexplicablemente terrible que sentí, cuando tú moriste, madre?...

LA MADRE.—Sí hijo. Para ti se paralizó en aquel instante la vida...

EL FANTASMA.—Fue aquel último beso que te di, el momento más triste de mi vida...

LA MADRE.—Es que en aquel beso, el último que me diste en vida, tu alma y la mía luchaban. Mi amor de madre no quería separarse de ti...

EL PADRE.—¿No fue aquél un momento terrible en que dudaste hasta de Dios?...

EL FANTASMA.—De Dios no, de su existencia sí. Sentí el vacío de la nada...

LA MADRE.—En aquellos momentos yo tampoco lo comprendía, porque de haberlo comprendido no te hubiera hecho sufrir en aquella forma... Fue un egoísmo inconsciente.

EL PADRE.—Es que todos los egoísmos humanos son inconscientes.

LA ABUELA.—No lo creas. Hay algunos que no. Son tan conscientes como la vida misma. Son partes del hombre. Si no fuera el hombre egoísta, no sería hombre.

EL FANTASMA.—¿Qué sería, abuela?

LA ABUELA.—¡Casi dios, hijo!

LA MADRE.—Hoy me amarga el sólo pensar lo que te hice sufrir en aquel momento...

LA ABUELA.—No sufras, porque ese dolor era necesario para su evolución humana...

EL ABUELO.—Su materia tenía que seguir el curso de su destino.

LA ABUELA.—Son necesarios esos sufrimientos a todo ser humano... Por eso, ese sólo instante a todos nos parece en vida, una eternidad... ¡No hay nada más terriblemente doloroso, que el último beso que damos y recibimos de la vida!...

LA MADRE.—Para que después el propio dolor humano nos lleva a la realidad consciente, que hace evolucionar a los seres a una

conformidad, que nunca es humana, sino superhumana... ¡Los muertos no se olvidan, se silencian!
EL PADRE.—Pero los seres vivos, apenas pasan los primeros momentos del dolor de la separación, se olvidan de nosotros. Se nos recuerda de vez en cuando...
EL ABUELO.—No lo creas. Es necesario para vivir esa especie de olvido, que es la conformidad. Si no, no podrían vivir...
LA MADRE.—¿Crees que sin tener esperanza en un reencuentro en este más allá, podría uno conformarse?...
EL FANTASMA.—No. Yo siempre esperaba volverte a ver, pero hay quienes no creen más que en la materia, niegan la existencia del espíritu...
LA ABUELA.—¡Nada más lejos de la verdad!... Todos, aunque no lo confiesen, creen en este más allá. ¿No ves que los que niegan la supervivencia detrás de la muerte y sueñan con la inmortalidad de la vanidad humana, están contradiciéndose a sí mismos?... Los que escriben, los que pintan, los que componen música, lo hacen pensando siempre en sobrevivir su existencia, porque les resulta demasiado corta... ¿Tú crees que si tuvieran la seguridad que después de la muerte, viniera la nada y no pudieran gozar desde este más allá, de sus propios éxitos éstos les importarían?
EL FANTASMA.—¡Bueno, yo creo que sí!... Tengo la seguridad de que muchos aspiran a sólo ganar la gloria y la fama en vida...
LA MADRE.—¿Y no te das cuenta que sería terrible para ellos, en su propia vanidad, el sólo pensar que en el instante de morir, todo acaba?... Ellos creen en la superviviencia. Lo que pasa es que le temen...
LA ABUELA.—Naturalmente. ¿No ves que en lo profundo saben que han de sobrevivir? Si no, no sufrirían esa tortura que sienten los que sueñan... Piensa que aun los que se dicen más materialistas son a veces los más soñadores, los más ingenuos... Usan muchas veces, esa especie de caparazón dialéctico de desdén, de indiferencia, no para engañar a los demás, sino para engañarse a sí mismos.
EL FANTASMA. (*Mirando a todas partes.*)—¡Qué pequeña me resulta hoy esta sala, y qué grande a la vez!...
LA ABUELA.—Es que extiendes la mirada y hay tres generaciones en el espacio limitado de un instante y de una sala.
EL PADRE.—¡Todo parece que fue ayer!

EL ABUELO.—Cuando estaba preso en la materia, el mundo me parecía inmenso...
LA MADRE.—¡Y qué grande es el hombre!
EL ABUELO.—Grande, porque piensa...
LA ABUELA.—No, grande porque tiene espíritu...
EL FANTASMA.—Pero abuela, también yo creo que las cosas tienen alma...
LA ABUELA.—¿Y quién lo ha negado?... Pero el espíritu de las cosas tiene que encarnar, que formarse más...
EL FANTASMA.—Eso en cuanto a las cosas materiales, pero en cuanto a los animales no, porque tengo la seguridad que mi perro tenía un alma casi humana...
EL ABUELO.—¡Tú lo has dicho!... Tenía un alma casi humana: pero aún esos espíritus no están en nuestro plano, están en un plano inferior, en el plano del alma de los animales inferiores.
EL FANTASMA.—¿En qué plano estamos nosotros?...
EL PADRE.—En el plano del espíritu humano...
EL FANTASMA.—¿Y cuántos planos, hay?...
LA ABUELA.—¡Qué difícil es saberlo! ¡Llevo desencarnada más tiempo que ustedes y puedo asegurarte que aún lo ignoro!... ¡No conozco nada más que el principio!...
EL FANTASMA.—¿Y algún día lo sabrás?...
EL PADRE.—¿Día? ¿Qué es el día?...
LA ABUELA.—No dividas la eternidad. La eternidad no tiene principio, ni fin... Es... ¡sólo eternidad! Cuanto más tiempo pasa, más voy ascendiendo, más voy conociendo la verdad...
EL FANTASMA.—¿Qué verdad?
LA MADRE.—¡La única verdad que existe!
EL FANTASMA.—¿Pero, cuál?...
EL PADRE.—¡La verdad, hijo!...
EL FANTASMA.—¿Pero es que no hay muchas verdades?...
LA MADRE.—No, no existe más que una verdad.
LA ABUELA.—Todos creemos que hay muchas verdades, porque todo es relativo... ¡La verdad, verdad, es única! Es el ser, el conjunto de seres que forman un sólo ser, el ser del Ser.
EL FANTASMA.—¡No te entiendo, Abuela!
EL ABUELO.—Es otro de los misterios de acá, de lo que los hombres llaman la región del silencio o del más allá... Cuando lo entiendas mejor, cuando lo llegues a comprender, es cuando comenzarás tu perfección, es decir tu verdadera evolución espiritual.

EL FANTASMA.—¿Y qué soy entonces en este momento, que no comprendo nada, que no entiendo nada y que quiero entenderlo todo y comprenderlo todo?...
EL ABUELO.—Ahora eres sólo un espíritu en confusión...
LA ABUELA.—En transformación, mejor...
EL PADRE.—Tienes que desintegrarte más...
EL FANTASMA.—¿No dicen que ya mi cuerpo está desintegrado, descompuesto?...
LA MADRE.—Sí hijo, el cuerpo sí, pero el alma no. El espíritu también necesita desintegrarse de toda esa rémora de la vida...
LA ABUELA.—El contacto con lo impuro de la materia perfecciona al espíritu, pero deja tras sí una estela de pasiones y de imperfecciones que cuando desencarnamos, está tan adherida a nuestro espíritu que cuesta mucho separarla.
EL FANTASMA.—¿Entonces lo físico, influye en lo psíquico?
EL PADRE.—No. Lo físico es distinto.
LA ABUELA.—El hecho material que ha ido en contra de las normas del espíritu, no tiene importancia como hecho físico, pero si ha ahondado en el subconsciente o sea en el propio yo del espíritu, sí. Porque a veces, lo telúrico influye en lo moral, que es como decir, socavar los cimientos de lo astral, de lo divino, porque divino es el espíritu, lo único grande que guía al hombre y lo alienta y que es la fuerza que mueve al mundo...
EL FANTASMA.—¿Y cómo la materia puede influir así en el espíritu?
EL ABUELO.—No, no es la materia, es el espíritu, de esa materia...
EL FANTASMA.—¿Sí la materia tiene espíritu, cómo ese espíritu no es perfecto?...
LA ABUELA.—He ahí lo que llamamos evolución. Se necesitan una serie de vidas o transiciones para que el Soplo de Dios, el espíritu se forme o evolucione y vaya de capas en capas, en un perfecto perfeccionamiento, pudiéramos decir, de ascenso... Es en un sentido figurado la transformación de las sombras en luz...
EL FANTASMA.—¿Entonces la idea primigencia del hombre, que creía que los dioses de la luz lucharon contra los de las tinieblas, tenía un principio cierto o filosófico?...
LA ABUELA.—¿Cuándo has visto que una idea popular, nacida del corazón de los hombres, con la riqueza de una pureza espiritual, no sea una verdad axiomática?
EL ABUELO.—¡Nada hay en la faz de la Tierra, que no sea verdad ni

mentira! Por eso el hombre no debe ni creer en todo, ni dudar de nada...

LA ABUELA.—¡Todo es verdad, aún la propia mentira, desde un cierto plano, no ya sólo espiritual, sino telúrico, pues la verdad siempre es nuestra verdad, o sea la que cada uno cree que es o le conviene que sea!...

EL FANTASMA. (*De pronto se levanta de su butaca rápidamente y señalando para el público dice:*)—Me parece que estamos hablando de cosas tan trascendentales y tan filosóficas que a ese público no le interesan.

EL ABUELO.—¿Y tú, cómo lo sabes?...

EL FANTASMA.—Porque he observado a varios que han bostezado, a otros moverse nerviosos en sus butacas y a más de dos, los habrán ustedes oído toser.

LA ABUELA.—¡Lo eterno! ¡El hombre bajo su materia está siempre dispuesto a no oír la verdad!

ABUELO.—No. En eso eres injusta. A los hombres diles la verdad, pero en broma, no les hagas pensar porque el pensar les cansa...

LA MADRE.—Aburre, más que cansa...

LA ABUELA.—No. Es que cuando piensan se separan de la materia, se elevan a sintonizar, —usemos esta palabra mientras ellos no inventen otra—, y las fuerzas del éter, de las ondas del más allá, de lo desconocido, los desgaja, los agobia.

EL FANTASMA.—Busquemos la manera de entretenerlos entonces.

EL PADRE.—A lo mejor prefieren una danza macabra, que oírnos a nosotros discutir.

LA MADRE.—Tengo la seguridad que muchos de ellos, creían que todos nosotros íbamos a aparecer en la escena, en nuestros esqueletos...

EL ABUELO.—No lo dudo... Y casi debimos haberlo hecho. Cuando yo me hice visible, aquél (*señala a uno cualquiera del público*) que está allí, se asustó al aparecerme a su lado, pero al verme vestido así, pensó que era el actor... (*), y se tranquilizó.

LA MADRE.—Si llegas a aparecer en espíritu, no te hubieran cogido miedo, pero dudarían de tu propia existencia...

EL ABUELO.—¡Dudan, aún dudan de esta verdad!...

LA ABUELA.—En el fondo, no. Tienen en este momento una interna interrogación. ¿Cuál es la farsa y cuál es la realidad de "*La Comedia de los Muertos*"?

EL FANTASMA.—Muchos de ellos hubieran preferido vernos con

una sábana por la cabeza, rodando cadenas, fosforeciendo, dando quejidos o aullidos, para reírse, para divertirse a costa de los pusilánimes, de los miedosos...
LA MADRE.—Sí, para hacerse los valientes, aunque en el fondo les causara un poco de pavor.
EL PADRE.—Muchos de ellos, están pensando que esto es un escarnio a los muertos, una irreverencia a nosotros mismos.
LA ABUELA.—La humana costumbre de la crítica es eterna. Nació con la primera materia y morirá con la última y es porque no pueden ver nunca, la verdad llana y clara, encuentran todo turbio, todo mezclado, nebuloso y hasta mixtificado, porque como todo en lo humano es falso, falso es para ellos, todo, aún la propia verdad.
EL FANTASMA.—Pero debemos hacer algo por distraerlos...
LA MADRE.—Sí, debemos hacer algo... ¿pero, qué podemos hacer que los entretenga?...
EL PADRE.—Por eso propuse bailar una danza...
EL ABUELO.—Eso sí sería poco decoroso y casi irrespetuoso.
EL PADRE.—Es que no seríamos nosotros los que bailaríamos; sino los cuerpos de los actores en los que hemos encarnado.
LA MADRE.—Eso sí es verdad, pero así y todo, me parece indigno.
LA ABUELA.—Yo voy un momento al camerino... Se me ha quedado una cosa allí olvidada, y voy en su busca... En seguida vuelvo. Sigan ustedes pensando, entre tanto, qué van a hacer. (*Sale la Abuela.*)
EL ABUELO.—Es necesario hacer "*La Comedia de los Muertos*".
EL PADRE.—Para hacerla, hay que hacer reír, hay que hacerles pasar un buen rato, porque de lo contrario, no nos perdonarían nunca...
LA MADRE.—Si es por hacerles pasar el tiempo, no te preocupes, que sin tú querer y sin ellos querer, el tiempo pasa, mejor está pasando o quizás haya pasado ya.
EL ABUELO.—¡Bueno! Pues si ustedes creen necesario que bailemos, bailemos entonces.
EL FANTASMA. (*Dirigiéndose al público.*)—¿Hay alguno del público que sepa tocar una danza? ¿Por ejemplo, la Danza Macabra de Saint Sáenz?...
EL AUTOR. (*Entra frenético.*)—¿Pero, qué se han creído ustedes? ¿Han tomado mi obra en broma, en chacota?...
LA MADRE.—No señor, en serio, muy en serio...

EL AUTOR.—¿Y esto qué es?...
EL PADRE.—¡La realidad, amigo mío, la realidad! Esto está en su obra, esto es parte de ella, no lo que hasta ahora hemos hecho...
EL AUTOR.—Esta escena no está en mi obra. Yo no he escrito nada de esto...
EL ABUELO.—Sí señor. Deme acá su obra...
EL AUTOR. (*Entregándole el libreto que lleva debajo del brazo.*)—Tome, vea.
EL ABUELO. (*Abriendo el libreto y leyendo en medio de la obra.*)—Mire... "Y cuando se vea que el público no siga la trama de la comedia, debe de hacerse cuanto sea necesario para darle interés a la misma"...
EL AUTOR. (*Extrañado.*)—Pero es que yo no recuerdo haber escrito eso...
EL ABUELO.—Ni lo que usted cree haber escrito tampoco. Esto que está escrito aquí, es lo que todos nosotros hemos estado haciendo...
LA MADRE.—Yo seguí las indicaciones de usted...
EL PADRE.—Leí bien sus acotaciones...
EL AUTOR.—Me voy a volver loco, completamente loco... Yo no recuerdo ya, ni lo que escribí, ni lo que no escribí. ¡Ya no sé ni cómo comienza la obra, ni menos cómo termina!...
LA ABUELA. (*Entrando a escena.*)—Por el final no lo haga... Aquí está... Tome... (*Le entrega un disco fonográfico o una cinta magnetofónica.*)
EL AUTOR. (*Cogiéndolo casi maquinalmente.*) ¿Cómo, el final?
LA ABUELA.—Sí, señor, en este disco está... Cuando nosotros nos hayamos ido, cuando de nuevo retornemos a nuestro propio ser, al más allá, cuando dejemos de hacernos visibles ante ese público, coloque el disco en ese aparato, que será la última frase de "*La Comedia de los Muertos*"...
EL PADRE.—Y un consejo: no intente más, en su vida, hacer una comedia hiper-realista...
LA MADRE.—Y menos que los personajes seamos muertos...
EL ABUELO.—Déjenos en el más allá...
EL FANTASMA.—Sí, déjenos descansar...
LA MADRE.—Déjenos vivir o dormir el sueño del olvido.
LA ABUELA.—O si no evóquenos en la penumbra de su biblioteca, en el retiro de su sueño, en los momentos de incertidumbre, en los momentos de desolación, en los momentos en que el hombre

quiere desaparecer de la tierra, porque la tierra le es angosta o le es demasiado ancha... Entonces búsquenos y estaremos con usted; pero no intente más nunca hacer una comedia hiper-realista con los muertos...

EL AUTOR. (*Desesperado.*) No. Nunca más, líbreme Dios. Ni ésta, ni ésta misma debe existir... Mire, la rompo así, en mil pedazos... Que no exista nada, ni un átomo siquiera de "La Comedia de los Muertos"... (*Al romper el libreto de la obra y arrojar los pedazos al aire, los actores caen desvanecidos en sus asientos, al parecer sin sentido.*) ¡Tramoyistas! ¡Tramoyistas, bajen el telón!... ¿No me oyen? ¡Bajen el telón!... ¡Pronto, por favor!...

TRAMOYISTA. (*Desde dentro.*)—¡No se puede!

EL AUTOR.—¿Cómo, que no se puede?... ¿Qué pasa jefe de tramoya, por qué no cae ese telón?...

EL JEFE DE TRAMOYISTAS. (*Saliendo, maquillado igualmente que el autor.*)—Imposible señor. No quiere bajar. Las sogas están sueltas y el contrapeso del telón no funciona... Ocurre algo que no me explico... Es muy raro. La cortina tampoco quiere correr no trabajan las correderas...

EL AUTOR. (*A los actores.*)—Déjense de tontadas y entren, ¿no ven que no cae el telón?...

EL JEFE DE TRAMOYISTAS.—Pero a éstos, parece que les ha pasado algo... Señora... (*), Señores (*), despierten... Debe llamar a un médico... Esto es muy extraño.

EL AUTOR.—¡Me vuelvo loco, loco de verdad! (*Al decir esto, se lleva las manos a la cabeza y se da cuenta de que tiene aún el disco.*) ¿Y esto?... ¡Ah, el disco!... Tome, guarde eso allá dentro en la utilería. (*Se lo entrega.*)

EL JEFE DE LOS TRAMOYISTAS.—¿Para qué sacó usted, esto?

EL AUTOR.—¡Qué voy a sacarlo, yo, hombre! Me lo dio la señora... (*), para que pusiera en el radiofonógrafo, pero no sé para qué...

EL JEFE DE LOS TRAMOYISTAS.—Vamos a colocarlo, porque francamente con su "*Comedia de los Muertos*", están pasando cosas muy raras. Hay algo sobrenatural, que es superior a nuestro entendimiento... (*Se dirige al radiofonógrafo y lo coloca.*)

EL AUTOR.—No hombre, deje eso... Es una tontería.

EL JEFE DE LOS TRAMOYISTAS.—Bueno, pero por si acaso, vamos a ver de todas maneras qué resulta de todo esto...

EL AUTOR. (*Desesperado.*)—¡Ay! ¿Por qué, por qué, por qué yo habré escrito una comedia hiper-realista, Dios mío?... ¿Por qué?...
LA VOZ DE LA ABUELA EN EL DISCO.—¡Eso mismo te digo, autor! ¿Por qué hiciste está comedia?... Tú que soñaste en tu fantasía con un mundo astral del más allá, donde el silencio y las tinieblas nacen y existen, pero donde también existe la verdad... Déjanos, que nada te hemos hecho, déjanos ya... Vive tu vida y cuando la materia tuya se haya desintegrado, cuando formes un ser más en lo eterno, ven... no a escribir, sino a desempeñar el papel que para ti ha escrito el Autor del Universo... Pero mientras esto no ocurra, haz el papel que te corresponda en el gran teatro del mundo y deja correr las cosas, no sueñes con el más allá, ni intentes saber más de lo que debes, aprovecha de la vida lo bueno y lo ideal y a nosotros déjanos descansar...

Actores que esta comedia quisisteis representar y que la fuerza de los espíritus os venció, volved a vuestros cuerpos, salid del sopor, y no os extrañéis de nada, porque *todo* es realidad... (*Los actores, como verdaderos autómatas, se levantan de sus asientos y cada uno se dirige al interior sin mirar ni a la escena, ni al público.*)

Y ahora a ti público impaciente y tenaz, que un momento estuviste en el mundo de la realidad, piensa, medita y sueña, que la vida, ya lo dijo el poeta, no es más que soñar...

Y tú Tramoyista y tú Autor, mira cómo aún después de irnos, seguimos en la realidad... ¡Telón, te ordeno que bajes!... (*Parece que la voz, es la que hace mover el telón y no los hombres.*)

¡Baja más!... ¡No tanto!... Has bajado mucho, sube un poco más... ¡Anjá así!... Espera un momento, un instante nada más... Señoras, señores: "*La Comedia de los Muertos*", *e finita ya!*

CAE RÁPIDO EL TELÓN

Mayo de 1944

LA REBELION DE LOS TITERES

(Triglifo en dos bi-monólogos y un diálogo impar)

José Cid Pérez y Dolores Martí de Cid

PERSONAJES
TITIRITERO
MUÑECO
VOZ DE NIÑO

BI-MONÓLOGO I

El escenario dividido en dos partes: A la derecha, un teatro de títeres; viejos baúles, con letreros de ciudades y países. Cortinas, decorados, pequeñas bambalinas, trastos, maderas, etc. Pequeños trajes de época y de distintos pueblos y razas, todo en pequeño; una butaca con forro de mil colores envejecido por los años, quizás por los siglos. Allí están marcadas las huellas de otros tiempos, tal vez mejores o quizás peores. Todo en un desorden, si se pudiera usar la paradoja, ordenado por la propia vida mísera de los pobres titiriteros.

Al levantarse el telón aparece un cuarto semioscuro y casi al anochecer. Por un costado entra el viejo titiritero con un títere en la mano, que es un fiel retrato de sí mismo, sólo lo diferencia el traje, pues es un títere vestido de polichinela. El titiritero es viejo, a quien el cansancio del trabajo que acaba de hacer ante el público o quizás, tal vez, si el cansancio de los años, de las penas y tal vez...tal vez...si el miedo a la propia vida, han rendido. Tira a un lado otros títeres que trae entre sus manos y los arroja a un rincón. Después se sienta en el carcomido sillón de colores opacos por los años, con su títere. Una luz, al parecer de ultratumba ilumina a los dos personajes: al títere y al titiritero.

TITIRITERO. (*Con voz de falsete y con el muñeco entre sus dedos, que hace revivir*)—La comedia "e finita," mas tú pobre muñeco de trapo y cartón, ya no tienes vida...Hoy ha finalizado mi última función, quedarás mudo y muerto para siempre...¡Pobre muñeco!

MUÑECO. (*Reviviendo en las manos del titiritero. Habla con la voz de éste en falsete por medio de una cinta magnetofónica*)—Eso crees tú, ¡Pobre titiritero! Crees que solamente en tus manos tenemos vida, aunque es cierto que la vida misma es eso: teatro de títeres. No creas que nosotros somos juguetes de nuestras vidas. No confundas, pobre viejo, no confundas, observa, analiza,

piensa, medita, compara. ¿No te das cuenta que tú eres más títere que yo mismo?
TITIRITERO. (*Como borracho, medio soñoliento*)—Parece que sueño...
MUÑECO.—Ahora no, ahora no sueñas, sino vives, vives por primera vez. Has pasado la vida en un sueño, porque tú, sí eras un muñeco soñador; ahora no, ahora empiezas a despertar en la realidad... Ahora que cansado de la función, decepcionado de tu propia existencia, te has sentado a reposar, estás despertando en el mundo de la realidad. ¡Qué pocas ocasiones has podido despertar, como hoy, ante tu existencia de titiritero andariego! Tú no podrás nunca comprender o sentir en ti el momento preciso en que estás viviendo tu propia vida o cuando vives la vida de los demás... Eres muñeco hecho de fantasía con sueño de eternidad... Mira tu raída bata, tus tontas comedias, tus viejos trastos... ¡Hombre te crees y buscas ser hombre!, pero los hilos que te mueven están por romperse en la dura realidad... Esos toscos hilos tuyos, invisibles al parecer, al romperse nunca más se pueden reconstruir... analiza ahora, aunque sea un instante, tu vida...
TITIRITERO.—¿Hablo conmigo mismo?... ¿Pienso en alta voz?...
MUÑECO.—Ves, si eres terco que cuando no sueñas, quieres ver un sueño en la realidad.
TITIRITERO.—Es otra la voz que siento...
MUÑECO.—¡Claro! Soy yo quien te habla ahora, no eres tú quien me hace hablar a mí...Soy yo, con mis propios pensamientos, almacenados por la experiencia de los siglos, quien te habla...Es que he querido en esta hora postrera de tu vida, viejo titiritero, hablarte a solas, porque nunca antes has podido verme en la realidad consciente...Has visto mi cuerpo de tela y mi cabeza de cartón y me has creído un ser distinto de ti...¿Pero, es posible que nunca hayas pensado al verte en el espejo, que tú y yo somos como una misma cosa: muñecos del destino, pero tú tienes alma de alma y yo alma de muñeco.
TITIRITERO.—Desvarío. ¡¿Tú?! pobre muñeco de trapo y cartón, ¿osas hablarme a mí, a tu dios, a tu creador, en esa forma?
MUÑECO.—¿Creador?...¿dios?...Pobres seres mezquinos que no ven nunca su pobre realidad y sueños, piensan y hasta creen ser omnipotentes y cuando no pueden crear ni sueños, creen crear humanidad...

TITIRITERO.—Pero, ¿quién te mueve?...¿Quién habla por ti, muñeco pedante y majadero?
MUÑECO.—Te he dicho y te repito que nadie, absolutamente nadie. Ni tú, a pesar de que tengo tu misma voz, ni tus inútiles compañeros de farándula, hablo yo...Yo que siento, vibro, sueño y, por lo tanto, vivo en la realidad...¿Acaso, cuando en ese viejo tinglado de la farsa me movías y hablaba por tu boca, crees que los niños se reían por tus gracias?...
TITIRITERO.—Natural...¿De qué si no?...
MUÑECO.—¡Pobre hombre! ¿Acaso tú podrías llegar al corazón de los niños, al espíritu de los poetas, con esa voz gangosa de viejo decrépito?
TITIRITERO.—¿Hablabas tú, acaso? Mi voz es gangosa y ¿la usas en este momento? ¿Te movías tú o era yo quien te daba vida con mis manos y te hacía decir mis viejos chistes?
MUÑECO.—Despierta a la realidad, pobre viejo titiritero. Si sólo me hubieran movido tus torpes manos, mi cuerpo no hubiera tenido el aliento de la realidad. Si tu voz no hubiera hablado por mi boca, no hubieras jamás llegado a hacer reir ni hacer llorar. Tus chistes, como has dicho, son viejos, pero ni ésos son tuyos, son nuestros, milenarios chistes, los de todos los tiempos, los mismos que hicieron reir hace siglos y harán reir en el futuro...Para conseguir eso hay que tener alma, hay que ser realidad, hay que saber tocar el corazón de los viejos y hablar el idioma de los niños...Ya que unos y otros siempre son la misma cosa, ya que sólo el tiempo los diferencia un poco... Los mismos gruesos hilos nos mueven a los dos...Eso no te lo dejan ver las toscas ilusiones de tu vida, sólo nosotros que vivimos en el ensueño lo podemos palpar, porque tenemos nuestra propia alma... ¡Esa alma que no conoces, ni conocerás jamás!
TITIRITERO.—¿Alma tú?...¡No me hagas reir!...¡Alma de trapo!
MUÑECO.—No; alma de alma...El alma no es material, ni se compra en el mercado, aunque algunos la vendan a buen precio...El alma nuestra está en nosotros, como está en ti y en todas las cosas.
TITIRITERO.—¿Alma, dices?...Si mis manos te crearon...Tu cabeza la formé de goma y papel, y tu cuerpo de trapos...Puedo deshacerte en mil pedazos.
MUÑECO.—Formaste mi forma, mas no me creaste...por eso nunca podrás deshacer mi alma...

TITIRITERO.—Si te deshago como muñeco no quedarán de ti más que pedazos de papel y tela...
MUÑECO.—Pero en cada uno de esos pedazos de papel y tela vibrará un alma: la mía...No seré un viejo pedazo de cartón, ni un trapo raído, sino restos de un títere que vivió, vive y vivirá siempre...¡Cada cosa en este mundo tiene su alma y yo tengo la propia mía!
TITIRITERO.—Pero es que dejas de ser tú, no serás ya ni siquiera un pobre muñeco.
MUÑECO.—Eso piensas tú, pero nosotros, los que tú llamas pobres muñecos, títeres del viejo tinglado de la farsa, somos eternos...No morimos ni moriremos jamás...
TITIRITERO.—¡Pobre pretencioso! Casi pareces un hombre de verdad, porque sueñas con la eternidad.
MUÑECO.—No me hagas reir...¡Hombre! ¡No comprendes que el hombre, como hombre, no podrá vivir en la eternidad?
TITIRITERO.—¿Por qué no?...¿Acaso no hay hombres inmortales?...Seres eternos en el recuerdo...
MUÑECO.—¿Seres inmortales dices? Ninguno...Los inmortales, eternos en el recuerdo, no son los hombres sino sus obras, sus hechos...
TITIRITERO.—Sus obras, sus hechos; pero son obras y hechos humanos.
MUÑECO.—Ahora soy yo quien te digo: ¡pobre títere humano! El hombre en sí, como hombre, apenas puede vivir en su corta vida...Algunos no llegan a vivirla entera, pues son muertos que andan y al morir no queda nada de ellos; pues las obras y los hechos, aun los hechos que tú llamas inhumanos, no son de ellos, sino de la propia vida que les tocó vivir.
TITIRITERO.—Bueno, humano o inhumano, la obra queda por el nombre de quien la hizo...
MUÑECO.—No; la obra queda por la obra en sí... Pudo haberla hecho un Shakespeare, un Napoleón, un Hitler...Pero, ¿qué han sido todos sino títeres de sus propias vidas? Vivieron una vida de ensueño lo mismo para el bien que para el mal...El recuerdo es lo único que hace eterno al hombre...Nosotros, a los que tú llamas muñecos de trapo, títeres del viejo tinglado de la farsa, somos los únicos eternos como títeres al fin.
TITIRITERO.—¿Eternos, ustedes?...No me hagas reir. Si tú apenas tienes diez cortos años de vida y ya estás caduco...

MUÑECO.—¿¡Diez años!?...Si vivimos desde hace una eternidad.
TITIRITERO.—¿Llamas eternidad a diez o doce años de existencia? ¿Qué diría yo, que casi he vivido ochenta?
MUÑECO.—¡Qué niño eres con tus ochenta años de vida humana! Es tan corta tu vida como la de todos los hombres.
TITIRITERO.—¡Ah!...¿Es qué acaso tú te crees más viejo que yo?...
MUÑECO.—No me hagas sonreir. ¿Pretendes comparar tu vida efímera de mortal con la mía?...¿No sabes que he vivido siempre y viviré en el futuro, mientras el mundo exista?...
TITIRITERO.—Me sorprende tu jactancia...¿Así que el mundo comenzó hace diez años cuando yo te hice?
MUÑECO.—No. Yo viví en el pasado, vivo en el presente, viviré en el porvenir. En las tumbas egipcias me encontraron y ya era viejo y con la misma experiencia de hoy.
TITIRITERO.—¡Ah!...Aquel títere de una tumba del viejo Egipto, ¿acaso pretendes que eres tú?...
MUÑECO.—Naturalmente; porque ustedes al morir, no se repiten... A ti te confunde en tu vanidad de hombre, el pensar que los títeres no somos los mismos, ni aquellos lejanos del Egipto ni aquellos viejos polichinelas, pierrots y colombinas de la vieja Italia. Vendrán quizás nuevos hombres que hagan obras tan geniales como un Göethe, pero serán otros con diferentes nombres o diferentes hechos. Nosotros no venimos ni nos vamos: quedamos siempre en la vida, en el mundo, en la realidad, en la eternidad... ¿No ves que tú no me has creado, ni me puedes crear, ni deshacerme nunca?
TITIRITERO.—¡No!...¡Ahora mismo puedo romperte en mil pedazos...!
MUÑECO.—Es cierto. Puedes deshacer mi cuerpo de trapo en mil pedazos; pero en cada uno de esos mil pedazos seguirá vibrando un recuerdo. El recuerdo que dejamos en cada alma de niño, joven o viejo, que nos vio hablar, movernos y que le hicimos reir y hasta soñar...La vida real nuestra comenzó con la vida misma y morirá con la eternidad. Tú, como hombre, con ese instinto soberbio de destruidor de todo lo divino, puede que me hagas desaparecer del tinglado de la farsa por un tiempo. Tu nombre al morir, puede que quede en el recuerdo de algún ser, que con alma de poeta, te vio un día moverme y le hiciste reir con mis gracias; pero después en el corto tiempo de esos seres morirás tú también en el recuerdo; pero yo, yo no. Yo seguiré viviendo aquí, allá,

133

acullá, en todas las partes, hablando todas las lenguas, llevando un mensaje de sueños a los niños del mundo...Quizás si algunos de esos niños que hasta de tu nombre se olvidaron, me haga vivir de nuevo a la realidad.

TITIRITERO.—Pero entonces no serás tú, será otro muñeco...

MUÑECO.—Te equivocas...Seré yo, seré el mismo títere con la misma alma y quizás si con las mismas palabras y los mismos sentimientos...No ves que somos creados con sueños, que los siglos nos tejieron de girones de vida, para hacer vibrar en este mundo de locos, los corazones dormidos, endurecidos por la realidad misma. ¡Pobre humanidad si no conoce y siente a los títeres!

TITIRITERO. (*Dubitativo*)—Sí...

MUÑECO.—Tú no lo sabes, ¡caduco titiritero! Hay muchas cosas que tú no sabes. Hemos estado juntos muchos años y no me conoces. Crees que miras dentro de mí, porque metes tus manos en mi cuerpo para moverme y no es así, no es así. ¿Quieres conocerme? ¿Quieres escucharme? ¿Quieres aprender muchas cosas que sé?

TITIRITERO.—¡Ah! Bien, bien, ¡vanidoso!

MUÑECO.—Vanidoso, no. No; de ninguna manera. Yo no soy vanidoso; yo no soy un ser humano, pero quiero que sepas que los chistes no eran tuyos sino míos. Yo sé muchas cosas.

TITIRITERO.—¿Acabas de decirme que sabes muchas cosas?

MUÑECO.—Sí, es verdad.

TITIRITERO.—Entonces eres vanidoso.

MUÑECO.—No; estoy muy lejos de eso. Ya te lo he dicho, yo no soy un ser humano.

TITIRITERO.—No me convences.

MUÑECO.—Voy a convencerte enseguida.

TITIRITERO.—No te creo.

MUÑECO.—Te lo suplico por el tiempo que hemos estado juntos, por el cariño que me tienes; porque estoy bien seguro de ello.

TITIRITERO.—¡Ah! Bueno, lo que quieres es desahogarte, pues yo no te lo voy a impedir de ninguna manera. Habla, habla hijo, todo lo que quieras, y cuando hayas terminado te volveré a tu caja para que reposes tranquilo.

MUÑECO.—¿Ves? No me entiendes; yo no tengo interés en hablar.

TITIRITERO.—¿No tienes interés en hablar y me has pedido de favor que te deje hacerlo?

MUÑECO.—Es verdad. Te lo he pedido de favor.

TITIRITERO.—Ves, hijo, que te haces un lío.
MUÑECO.—No, no; déjame decirte una cosa. ¡¡Te lo suplico...!!
TITIRITERO.—A ver, a ver; habla.
MUÑECO.—Mi interés no es hablar por hablar, mi interés es que me escuches, que me escuches de verdad.
TITIRITERO.—Está bien.
MUÑECO.—Tal vez oigas y veas cosas que no has oído ni visto nunca.
TITIRITERO.—Bueno, bueno, quiero complacerte. Te voy a oir, pero no te tardes mucho.
MUÑECO.—¿Ves? Me pones limitaciones y eso que tienes harto tiempo disponible ahora.
TITIRITERO.—Bueno, empieza y si me canso, te lo digo.
MUÑECO.—Sí; acepto, porque sé que no te puedo cansar. No renuncio a decirte que yo tengo mi vida. Eso nunca; pero quiero que sepas que tú me has hecho mucho bien.
TITIRITERO.—¡Claro, yo te muevo!
MUÑECO.—¿Ves como no entiendes?
TITIRITERO. (*Benevolente*)—Trataré de entenderte.
MUÑECO.—Bueno. Gracias a ti, yo conocí a las hadas. ¿Comprendes ahora?
TITIRITERO. (*Con fastidio*).—Sí.
MUÑECO.—Bueno y como las conocí, me familiaricé con ellas y el primer día que me di cuenta que me considerabas inferior, por la noche salí de mi caja, me fui al bosque y llamé a un hada, y vino y me enseñó muchas cosas bellas. Luego volví y volví una vez y otra vez y me hice tan amigo, que después me presentó a la reina de las hadas y gracias a ella, he tenido tantas experiencias que ahora quiero contarte...
TITIRITERO. (*Con fastidio*)—Sigue...
MUÑECO.—Sí; quiero decirte que el hombre es un ser antes de nacer.
TITIRITERO.—¡Qué descubrimiento! ¡Desde que está en el vientre de su madre! (*Como borracho, bien dormido deja caer al títere*) Debo haber estado soñando... Debo haber estado soñando...

(Cae el telón lentamente)

DIÁLOGO IMPAR

Se obscurece la mitad del escenario, iluminándose la otra. Aparece solo el vientre enorme de una mujer que se transparenta viéndose un niño de tamaño de un hombre pequeño. Tiene la posición de los fetos en el vientre de la madre, pero usa lentes y lleva una pluma en la mano frente a una mesa.
(*Voz del niño con sonsonete, se oye en metopeya mientras escribe*)
Hoy es un día vulgar, sin importancia, un día como otros; no ha dejado de salir el sol, no ha llovido de más, no ha habido una sola circunstancia especial para la humanidad; es un día como otro cualquiera, día anodino, absurdo... ¡en fín! un día tonto.
Sin embargo va a ser una fecha difícil de olvidar para mi madre y para mí. Serían las seis de la mañana cuando mi madre se sintió enferma, tenía fuertes dolores; mi padre no le hizo caso y se fue para la calle... Era lunes, pero no iba a trabajar. El trabajo es un hábito, y mi padre, enemigo de los hábitos, no tiene más que dos: la bebida y el juego. La vieja Dominga entendida en muchas cosas: en medicina casera, medio comadrona, medio espiritista, "métome-en-todo" y chismosa por profesión, vive frente a nuestro cuartucho inmundo donde yacen más que viven mis padres. Al ver a mi madre dijo: "Lo que tienes es que estás de parto, hija...".
(*Se ilumina la otra parte. Aparece ahora el títere personificado por un actor que se mueve como un títere, vestido como titiritero y el titiritero con el traje de Polichinela*).

TITIRITERO.—La verdad es que esto no lo había visto nunca.
MUÑECO.—¿Ves? Te interesa algo, ¿no?
TITIRITERO.—Algo, sí.
MUÑECO.—Bueno, ¿quieres ver más?
TITIRITERO. (*Un poco convencido*)—Bueno... (*Se ilumina la otra*

parte en donde aparece un libro de diario enorme y el niño pequeño, escribiendo).
VOZ DE NIÑO. —Serían las ocho, poco más o menos, cuando sentí una mano dura que me sacaba de aquel lugar y la voz cascada y quizás aguardientosa de la Dominga que decía: "Es un machongo", pero no llora...Y me pegó tan fuerte, que sin ganas de llorar, no tuve otro remedio que hacerlo, ¡porque me dolió mucho el primer bofetón que me dio la vida!

Me bañaron con agua fría, me acostaron en un jergón, y allí estuve un tiempo que no recuerdo...Ya entrada la tarde me despertaron los gritos de mi padre: ¡Vaya!—pensé. Le he causado una gran alegría y se ha emborrachado al enterarse...y casi me alegré de tener aquel padre un poco tarambana; pero que celebraba mi advenimiento... Después me di cuenta que no se había percatado de mi existencia, ni se había enterado de nada. Cuando mi madre se lo dijo, no se dignó acercarse a mí, sólo contestó: cualquiera sabe quien es su padre, ¡hijo de mala madre!...y se echó en el camastro, comenzando a roncar fuertemente casi en el instante.

El sol siguió su curso, la noche vino y el almanaque marcó un día más, había pasado un día vulgar para los otros, un día maldito e inolvidable para mí... *(Se oscurece un instante y como por arte de magia, pasa una hoja)*
VOZ DE NIÑO.—¡Ya tengo veinticuatro horas de nacido! No he visto aún el sol, pero han venido a verme todas las "comadres" del vecindario. Muy distintas han sido las reacciones: ¡Qué mono!, ha dicho una jovencita que parece romántica. Es igual a su padre, han creído encontrarme parecido, algunas almas poco benévolas, porque si me parezco al camarón de mi padre, estoy arreglado. Tiene la cara de la madre, ha comentado otra, y hasta hubo quien quiso mediar y no traer más líos en la familia diciendo: "Los ojos, la boca y el rojo son del padre, pero la nariz y las orejas son de la madre... Hubo hasta quien no me encontró parecido a nadie.

La verdad triste de todo, por lo que observo, es que no soy feo, ni bonito, soy como todos, un muchacho más. Problema y dolores de cabeza para mi madre, (que es, por lo que veo, quien trae a la casa la comida de ellos), soy un fastidio para mi padre, porque cuando se le pasa la borrachera, lo despierta mi llanto.

Mi venida al mundo la han tomado de la misma forma que

la venida de un gato o un perro en el vecindario... Tengo una tristeza infinita, he llegado a la conclusión de que soy un muchacho como todos: ¡un niño vulgar más! (*Pasa otra hoja*)

VOZ DE NIÑO.—¡Ya tengo nombre! No piensan bautizarme, porque mi padre es libre-pensador, dice que cuando sea grande yo haga lo que quiera, que cada uno debe hacer su santa voluntad y creer en lo que quiera...pero no deja ir a mi madre a la iglesia e insultó a mi tía porque es misionera del Ejército de Salvación.

¡Qué lástima que a mi madre no le guste leer aunque sea a Carolina Imberniso, a Virginia Gil Hermoso, a Corín Tellado o cualesquiera de las "novelistas rosas," para que me hubieran puesto por nombre Armando, Sergio, Eduardo o por lo menos le gustara la historia y me llamaran Julio César, Marco Polo, Napoleón, Adolfo, Benito, Winston, o Franklin Delano, pero desgraciadamente ni al cine le gusta ir, pues de ser asidua a los cinematógrafos seguramente me llamaría a estas horas Bob, Marlon o John...pero...Dominga la vieja antipática (a quien odio cada día más por el bofetón que me dio) se ha decidido a ponerme nombre...su marido o su amante, aún no lo sé, se llamaba Anacleto y aunque ella confiesa que fue un sinvergüenza y que murió en presidio, ha querido ponerme el nombrecito y mi madre que parece que le hace caso en todo, ha accedido, por eso desde hoy, y para toda mi vida me llamo Anacleto. Bien es verdad que lo único que no es vulgar en mi vida es el nombre...No sé las proezas que hizo mi santo patrón, pero con la sonoridad del nombre, que se las trae, es más que suficiente para ganarse la gloria... He llorado protestando de ese nombre, pero creo que en esta casa no me hacen caso ni poco ni mucho, lo mismo les va a dar que pensar, ahora cuando lloro que cuando aprenda a reír, que por lo que veo tardaré mucho tiempo en realizarlo...si no lo aprendo antes, contemplando el jergón donde duermo, el cuartucho donde habito y oyendo el nombre que me han designado: ¡A-na-cle-to! Mira lo que son las cosas. ¡He aprendido a sonreirme antes de tiempo! (*Pasa otra hoja*).

VOZ DE NIÑO.—Hoy me han sacado a la calle por primera vez, he visto por primera vez el mundo que "es ancho y ajeno" como dice un novelista hispanoamericano. Me he enterado que hay guerrillas, terroristas, que he nacido en un siglo de decadencia y demagogia, los hombres luchan por el bien de los demás, siempre y cuando defiendan el suyo propio preferentemente. Cristo predicó el amor al prójimo y fue crucificado; yo pensaba que todos los seres éramos iguales, pero no es verdad, pues hoy he conocido un niño que nació el mismo día que yo, pero tiene una casa distinta, una cuna llena de lazos, bien es cierto que tiene unos padres distintos a los míos. Su madre es mujer de sociedad y se pasa los días arreglándose, al niño le dan alimentos especiales porque ella no puede deformarse los senos, mientras que la mía me alimenta de los suyos; su padre no se emborracha como el mío; no trabaja tampoco, pero es porque tiene que ir al club a jugar, y sólo se alegra un día sí, y otro también, pero no es borracho ni entra en garitos como el mío.

Mi madre tiene que trabajar todos los días, yo me quedo solo en este cuartucho; sin embargo Alberto, el otro niño, tiene una niñera que lo cuida. A pesar de que me confesó que prefería quedarse solo, si después su madre lo arrullara, pero en los diez días que lleva de vida, no ha recibido de su madre más de tres besos. Lo han exhibido más que a mí, y como es lindo, tuvo y oyó elogios de todos, a mí me llevaron a visitarlo, porque mi madre trabajó en esa casa. El advenimiento de él ha sido un suceso, hasta en los periódicos y revistas han dado la noticia. Es como se ve un niño distinguido, no como yo, que soy Anacleto, el hijo de María... (*Pasa otra hoja*)

VOZ DE NIÑO.—¡Un mes de nacido! ¡Treinta días de vida! ¡Cuatro semanas y media de respirar! ¡43,200 latidos! ¡Cuánto he aprendido! ¡No es tan suave vivir como yo creía! La vida cuesta. A veces tengo un hambre atroz, lloro y ni se ocupan de mí, estoy solo en el cuarto, pues mi madre tiene que salir a menudo por su trabajo, porque está muy ocupada. Otras veces siento frío y molesto porque me he orinado o he hecho alguna otra cosa muy desagradable y hasta con un olor especial que francamente no me gustaba los primeros días, pero ya me voy acostumbrando. Los vecinos vienen poco, por cierto y por suerte, ya no se ocupan de mí.

Mi padre y mi madre se pelean a diario...al principio me asustaban los gritos de mi padre, ya casi me dan risa. En verdad hubo días que me reía a carcajadas, pero "el viejo" se indignó una vez y me tiró una silla que si mi madre no se pone en medio me mata, y hubiera sido mejor para mí y creo que para ellos también. El otro día creyó que mi risa no le dejaba dormir y me tiró una lata que me hizo un cardenal en la cara y me salió sangre de la nariz. Cuando volvió mi madre se asustó, le echó la culpa al gato que me había arañado, porque este pobrecito animal, de vez en cuando, tiene una caricia para mí y se acerca al cajón donde me tienen y me arrulla con su "ronrronear" y hasta me da calor cuando se acuesta a dormir junto a mí...;Así es la vida, cruel y necesaria, áspera y humana, pero a pesar de todo hay que sonreir, y el corazón seguir latiendo y los pulmones respirar aire, aunque sea corrompido, mover brazos y piernas para saber que vivimos, y llorar para desahogar el corazón de dolores y al cuerpo de durezas, y reír, reír por engañarnos, por engañarnos a nosotros mismos! (*Se ilumina la otra parte*)

TITIRITERO. (*Bostezando*)—Está original la obra que has presentado.

MUÑECO.—¿Cómo presentado? Ese es un niño real. Más real que tú, viejo vanidoso.

TITIRITERO.—¿Y qué importancia tiene un niño real?

MUÑECO.—Un niño real tiene la importancia de que representa al hombre por venir y muchos hombres que ya son y muchos hombres por venir: representan a la humanidad.

TITIRITERO.—¿Y qué sabes tú de la humanidad, muñeco impertinente?

MUÑECO.—¿Qué no sé? ¿Qué no sé? ¡Bien que sé!

TITIRITERO.—¡Demuéstramelo! ¡Demuéstramelo!

MUÑECO.—Y bien, te lo voy a demostrar.

TITIRITERO.—No te creo.

MUÑECO.—¿Quieres ver algo muy importante, alguien muy importante, muchos "alguienes" importantes?

TITIRITERO.—Bueno, sí.

MUÑECO.—Fíjate bien ahora, muy bien y no pierdas un detalle...

TITIRITERO.—La verdad es que yo te dije que no me parecieron mal esas escenas de Anacleto que me presentaste, pero pensándolo bien lo que has hecho es burlarte de los hombres.

MUÑECO.—¿Yo? ¡yo no me burlo!

TITIRITERO.—Pues, no has hecho otra cosa.

MUÑECO.—¿Tú le llamas burla a la verdad?

TITIRITERO.—No; yo no digo que sea mentira lo que tú has presentado, pero tú bien sabes que estamos en un mundo de medio verdades y medio mentiras.

MUÑECO.—Yo no pretendo, con pedazos de vida, haberlo dicho todo.

TITIRITERO.—Hombre, claro que no.
MUÑECO.—Sólo quiero llamarte la atención hacia ciertas cosas, para que no seas vanidoso.
TITIRITERO.—Cosas, ciertas cosas...Tú lo has dicho, pero el problema es que unos miran de un lado y otros miran de otro.
MUÑECO.—Y no te lo niego, lo que acabas de decir es una gran verdad, una verdad incontrovertible.
TITIRITERO.—¿Eh? ¿Incontrovertible? pero, ¿qué has dicho? ¡Muñeco de los demonios! ¿Cómo te atreves a hablar así, a usar palabras que no están en mi vocabulario?
MUÑECO.—¿Por qué no? ¿Acaso no se está acabando el siglo XX, el siglo de las grandes libertades...para algunos?
TITIRITERO.—Bueno, tengo que confesar que me has hecho pensar en muchas cosas que antes no pasaban por mi cabeza, lo reconozco. Pero...mira, ¡Por favor! ¿Quién te enseñó eso de *incontrovertible*? ¡Dímelo!
MUÑECO.—Pero...¡Cómo no! Si yo no pretendo ocultarte nada, absolutamente nada. Ya desde el principio te expliqué que me había mostrado muchas cosas la Reina de las Hadas en mis escapadas nocturnas.
TITIRITERO.—¡Ah! ¡Ya comprendo! Tal vez tú seas algo así como otro fenómeno de este siglo XX maravilloso; porque no me negarás que este siglo XX es maravilloso.
MUÑECO.—Pues claro que no te lo niego, de ninguna manera te lo niego.
TITIRITERO.—Bien. ¡Muy bien! Ahí quería llegar y es necesario que tú me pongas atención a mí, que ya llevo muchos años poniéndote atención a tí.
MUÑECO.—Y claro, está bien. ¡Está perfectamente bien! Habla, que te escucho.
TITIRITERO.—No sólo voy a hablarte, voy a demostrar, a presentar cosas como tú has hecho conmigo. Pero...con una diferencia. Tú utilizaste el teatro y yo utilizaré el cine.
MUÑECO. (*Dando palmadas*)—¡Muy bien! ¡Muy bien! ¡A mí me gusta mucho!
TITIRITERO.—No lo tomes de una manera tan frívola, porque el cine es nada menos que el séptimo arte.
MUÑECO.—Muy bien, muy bien. Sí, yo no quiero ser frívolo.
TITIRITERO.—Bueno, pues atiende ahora.

MUÑECO.—Soy todo oídos, todo ojos, todo atención, verdadera atención.
TITIRITERO.—Bien. ¡Mira!

(Telón Rápido)

BI-MONÓLOGO II

(*Se vuelve a oscurecer la mitad del escenario y se ilumina la otra parte. En una pantalla cinematográfica aparecerán en la forma que lo estime el director una serie de inventos de este siglo en película: El automóvil, la máquina de escribir, el telégrafo, etc. etc.)*

TITIRITERO. *(Hablando en la oscuridad)*—¿Estás viendo?
MUÑECO.—Sí, ya sabía que los hombres se trasladan con más velocidad. (*Aparece la máquina de escribir*)
TITIRITERO.—¿Ves?
MUÑECO.—Sí, ya sabía que se escribe más rápido que nunca. (*Aparece el telégrafo*)
TITIRITERO.—¿Te das cuenta? ¿Comunicación a distancia, palabras a distancia?
MUÑECO.—¡Claro, que me doy cuenta! Pero no me negarás que se dicen muchas tonterías, y lo que es peor, muchas cosas malas.
TITIRITERO.—Vamos, vamos, mi querido, queridísimo títere. Te has metido a moralista y eso es mejor que se lo dejes a los hombres.
MUÑECO.—Pero si yo no le quito nada a los hombres.
TITIRITERO.—Bueno, está bien, perfectamente bien. (*Aparecen escenas de aeropuertos, aviones comerciales, computadoras, robots, etc., etc.*)
MUÑECO. (*Dando palmadas*)—Me gusta, me gusta, me requetegusta. No creo que sepas que yo he viajado mucho, muchísimo con la Reina de las Hadas.
TITIRITERO.—Perfectamente; pero sigue mirando.
MUÑECO.—Claro que sí.
TITIRITERO.—No pretendo que veas cada uno de los inventos, porque bien sabes que sería imposible. Bien sabes que serían miles, de miles, de miles, en todos los aspectos. ¿Qué me dices, por ejemplo, de las operaciones en el cerebro?

MUÑECO.—Muy bien, pero...pero...¿Después de eso los hombres piensan mejor?
TITIRITERO.—¿Qué me dices de los transplantes del corazón?
MUÑECO.—¡Ah, sí! Por supuesto, que es el órgano más vital que tienen ustedes, pero también el órgano que es el símbolo del sentimiento. ¿No se mandan los enamorados tarjetas con los corazones flechados? Creo que todavía lo hacen, ¿no?
TITIRITERO.—Sí. Claro que sí.
MUÑECO.—¿Después de eso los hombres sienten mejor?
TITIRITERO.—No lo puedo asegurar...sin embargo, conviene que no olvidemos que cada generación es niña y joven primero.
MUÑECO.—Tú lo has dicho. ¡Qué maravilla! Cada generación, una nueva generación y eso está muy bien. Dicen ustedes que así la humanidad se transforma. Espero que sea así y por supuesto que la generación no se convierta en *degeneración*.
TITIRITERO.—¿Juegos de palabras también?
MUÑECO.—Es que me estoy divirtiendo. Pero lo que yo quería decirte es que me gustaría que las operaciones del corazón hicieran a los hombres mejores, menos egoístas, más conscientes.
TITIRITERO.—A todo le pones un pero y me parece que no saco nada, absolutamente nada, con alargar mucho esta conversación.
MUÑECO.—¡Como no! (*se ríe*) ¡Yo me estoy divirtiendo!
TITIRITERO.—¡Ay, ay, ay! Ahora sí que fallaste. ¡Moralista, moralista! ¿Así que te estás divirtiendo? Lo que quiero es que pienses y que sientas exactamente lo mismo que tú pides a los hombres. ¿O es que acaso tú perteneces al grupo de esos imbéciles que creen que el principal objeto de la vida es divertirse, pasarlo bien y lo demás no importa?
MUÑECO.—Te olvidas en primer lugar que no soy hombre, ni quiero serlo, ¡eh! y en segundo lugar que estoy de acuerdo contigo, que la vida no debe ser sólo diversión. Lo que te dije fue con ironía; perdóname, por burlarme un poco de ti. Pero mira ahora en serio, te hablo bien en serio. Quisiera, si me lo permites, hacerte una pregunta.
TITIRITERO.—Bien, la que tú quieras.
MUÑECO.—¿No es tu profesión, (y conste que yo colaboro en ella de muy buena voluntad), no es tu profesión para divertir a la gente?
TITIRITERO.—Tienes razón; mas eso no significa que yo quiera que la gente viva sólo para divertirse, eso significa que yo siento sa-

tisfacción de divertirlos, después de que fatigados, "con la frente sudorosa" y las manos cansadas, de tanto hacer...

MUÑECO.—Y deshacer.

TITIRITERO.—No me interrumpas que hablo en serio, completamente en serio: (*Engola la voz*) A esos "con las manos sudorosas," a las mayorías, a las minorías, a los hombres, a las mujeres, a los viejos y a los niños yo los divierto...

MUÑECO.—Perdona, perdona, ¿te puedo decir lo que pienso?..

TITIRITERO.—¡Claro que sí!

MUÑECO.—¿Sabes lo que me has parecido? Pues nada menos que un político en vísperas de elecciones, prometiendo lo que en el mejor de los casos va a cumplir a medias.

TITIRITERO.—Bueno, ¿y qué? Los hombres no son, no pueden ser perfectos, pero no me negarás que en otros países no se celebran elecciones.

MUÑECO.—¿Y qué me dices con eso? ¿Te olvidas que no soy hombre y que por lo tanto los estoy mirando así, desde lejos, con muchas más perspectivas de lo que tú te figuras? ¿Te crees que no me he dado cuenta, que eso del martillo, como símbolo de trabajo industrial, sirve para golpear a los hombres por todo el cuerpo y que eso de la hoz como símbolo del trabajo campesino sirve para torturarlos y cortarles la cabeza? No se te olvide que llevo mucho tiempo contemplando a la humanidad y oyendo a los falsos redentores con ambición de poder.

TITIRITERO.—Bueno, dejemos eso. Pero tú no me puedes negar que en este siglo XX, al menos en algunas partes, se respeta más la dignidad del hombre.

MUÑECO.—Y no te lo niego, porque tú, adelantándote a mis críticas ya te has limitado diciendo: "algunas partes".

TITIRITERO.—¡Ay! ¡Por Dios! ¡Si me quitas el hilo de los pensamientos! El hombre hace cosas buenas y malas; lo reconozco, pero no me negarás que podemos estar orgullosos de muchas cosas. Algunas instituciones, por ejemplo. ¿Qué te parecen las universidades? Digo, si es que te has ocupado de ellas en esos viajes investigativos que has hecho.

MUÑECO.—Es una de mis instituciones predilectas. Figúrate, quien me da vida en este momento pertenece a ella.

TITIRITERO.—Menos mal, ¿significa esto algo positivo?

MUÑECO.—¡Claro que sí! Son "las depositarias de la cultura", "los

centros del saber", "la fragua de las nuevas generaciones". ¡Eh! ¿Qué dices a esto?
TITIRITERO.—Nada. ¿Qué voy a decir? Que bien, muy bien, requetebién.
MUÑECO.—Pues no señor: mal, muy mal, requetemal.
TITIRITERO.—¡Ah! ¿Me estabas tomando el pelo? ¿No estás de acuerdo con lo que acabas de decir de las universidades?
MUÑECO.—Sí. Estoy de acuerdo, pero deja que antes me autocritique. Para decir lo que he dicho, he usado "frases hechas" y me he puesto un poco ridículo, como a veces lo haces tú.
TITIRITERO.—Bueno, métete conmigo otra vez. Ya no me importa, pero contéstame, ¿No tengo razón? ¡Qué maravilla son las universidades!
MUÑECO.—Eres un hombre de cuerpo entero y me lo estás demostrando.
TITIRITERO.—Claro que lo soy y tú eres un muñeco de cuerpo entero.
MUÑECO.—Claro que lo soy, y como lo soy te voy a contestar. Al hablar de la universidad, ¿te has olvidado de lo que dicen algunas asignaturas?
TITIRITERO.—¡No pretenderás que me convierta en un folleto universitario!
MUÑECO.—No; pero mira, tenemos que recordar eso de... materialismo, espiritualismo, razonamiento, intuición, ciencia, arte...
TITIRITERO.—Oye. Sospecho que te estás haciendo un lío.
MUÑECO.—No me interrumpas. También quería decir que a veces nada tienen que ver con el hombre, y se olvidan de otras cosas. (*Titubea, pausa*) ¡Ah! ¡Ya sé! ¡Las humanidades! *Todo lo que tiene que ver con el hombre no es completamente plano; tiene largo, ancho y profundidad.*
TITIRITERO.—Ves, te estás haciendo un lío.
MUÑECO.—Nada, nada de eso. Ya encontré las palabras; perspectiva y vivencia.
TITIRITERO.—¡Qué doctorado y togado te me has puesto! A ver, ¿qué me quieres decir?
MUÑECO.—Pues te quiero decir, con todo respeto para las universidades, que son importantes, son necesarias; pero están hechas por los hombres y por eso todo no marcha perfectamente...
TITIRITERO.—Eres un supercrítico por lo que veo.
MUÑECO.—No; soy un crítico. El hombre mientras más sube, más

se marea. La universidad está en las alturas y por eso se marean más. El mareo los hace a veces opinar como borregos en bloque. A los viejos los hace pensar que el mundo termina con su generación y se convierten en discos: (*Engolando la voz*) "En mis tiempos..." "¡Oh mis tiempos!"... Y los jóvenes, que el mundo empezó con su generación: (*Engolando más la voz*) "En estos tiempos..", "en los tiempos actuales"..."en los tiempos progresistas!..."

TITIRITERO.—Perdona, perdona que te interrumpa; pero me estás resultando un títere que "no deja títere con cabeza".

MUÑECO.—¡Bien por el chistecito!

TITIRITERO.—Muy bien; pasemos a otro tema, digo, si me lo permites, señor... muñeco. Mira, perdóname, la verdad es que me he contagiado contigo y me he puesto irónico. Esa no es mi manera de ser.

MUÑECO.—La verdad que te perdono con toda el alma, y en este perdón va implícita mi aceptación de que yo me he contagiado también contigo muchas veces...

TITIRITERO.—¡Ay, que bueno! ¡Por lo menos tienes alguna debilidad! Sigues contagiándote...Es cierto. ¡Bien!, ahora sin segundas intenciones de ninguna clase. Te voy, te voy a callar con algo que yo sé, que ha sobrepasado todas las esperanzas de los hombres en otros tiempos, con algo que verdaderamente los ha elevado, los ha elevado en el espacio y en el espíritu.

MUÑECO.—¿Qué cosa es eso? Me pones impaciente...

TITIRITERO.—Nada; los viajes a la Luna, los proyectos para ir a otros planetas. (*Se ilumina la otra parte. Aparecen los astronautas y escenas del viaje a la luna. Viajes interespaciales, colonias interespaciales. Se ilumina la parte contraria*).

MUÑECO.—¡Es fascinante! ¡Es fascinante! La verdad es, que de verdad, me has entusiasmado ahora. Sin embargo...

TITIRITERO.—Sin embargo, ¿qué?

MUÑECO.—No se han solucionado cosas simples y las grandes a veces son negativas. Mucha velocidad y se matan. Muchos adelantos profesionales y algunos profesionales no cumplen con su deber. Ciencia, ciencia, ciencia, el hombre se ha puesto cuadrado.

TITIRITERO.—Tú vas a encontrar la solución de todo. ¿Tú, muñeco criticón?

MUÑECO.—Yo no, pero...

TITIRITERO.—¿Pero qué?

MUÑECO.—La Reina de las Hadas me habló un día de amor.
¡Amor! ¡Yo te quiero mucho mi viejo titiritero!
TITIRITERO.—Ahora has hecho que salten lágrimas de mis ojos.
¡Yo también te quiero!
MUÑECO.—¿Si todos los hombres se quisieran?
TITIRITERO.—¡Tienes razón! ¡Qué fácil, qué bella sería la vida!
Pero eso, mi querido muñeco, es muy difícil.
MUÑECO.—¡Yo sé por qué!
TITIRITERO.—¡Otra vez! Tú lo sabes todo.
MUÑECO.—Yo no, pero la Reina de las Hadas sí, y ella me dijo, me dijo una vez... ¡A ver si me acuerdo!...Tengo que explicártelo bien, muy bien...
TITIRITERO.—¿Qué te pasa, muñeco querido, qué te pasa?
MUÑECO.—Mira, la cabeza me da vueltas: teatro, cine, inventos, ciencia, arte... ¡Espérate, espérate un momento!...Espera...¡Ah! Así fue, así fue.
TITIRITERO.—¡Cómo! ¿Qué fue?
MUÑECO.—Sí; la Reina de las Hadas me llevó por un camino oscuro y estrecho y difícil y me quejé. Entonces me dijo, si quieres saber no seas flojo, no seas vago, no seas holgazán. Salimos a una plaza no muy grande pero bien iluminada donde se leían tres letreros... (Se enciende la parte contraria con letreros lumínicos que dicen:

Saber de dominio
Saber de cultura
Saber de salvación

Eso, ¡eso es lo que leí!...
TITIRITERO.—Sí,...yo sé que hay hombres a quienes les gusta dominar a los otros, hombres que saben mucho y hombres religiosos que quieren salvar a los demás. Pero, ¿qué te quiso decir la Reina de las Hadas?
MUÑECO.—Espera, espera. ¡Ya me acuerdo! ¡Que los hombres debían unir todo eso!...¡Unir!...¡Unir!... (*El titiritero se queda perplejo. Hay un momento de silencio, de verdadera expectación*)
TITIRITERO.—Estoy hecho un lío; no entiendo, pero te quiero muñeco.
MUÑECO.¡Menos mal!

TITIRITERO.—Te quiero; pero me molestas. Me molestas y te voy a romper como te dije al principio que podía hacerlo.
MUÑECO.—Rómpeme si quieres. ¡Pobre titiritero! ¡Pobrecito! Eso sí, si me rompes eres como los demás, eres un hombre pequeño, pequeñito, un hombre cualquiera, pequeñito, sí, inferior, bien inferior...
TITIRITERO. (*Mira al títere silenciosamente, reacciona y después de una pausa...*)—¡No te rompo! ¡No te rompo, porque me mataría a mí mismo! Y, además, muñeco majadero, porque ¡te quiero! ¡te quiero! (*Abraza al títere, pero... súbitamente lo arroja al suelo. De inmediato vuelve a cambiar de opinión y recogiéndolo con muchísima ternura*). ¡Mi muñeco!..¡Mi niño!...
MUÑECO.—No me rompes porque crees que yo soy tú mismo. ¡Egoísta! ¡Egoísta!
TITIRITERO.—Sea yo o no sea yo, a pesar de todo ¡te quiero mucho! ¡Te quiero! (*El titiritero abraza al muñeco con mucha ternura, mientras despacio cae el*

TELON

ular
INDICE

Introducción

Capítulo I
Perfil biográfico de José Cid Pérez 11

Capítulo II
Panorama histórico del teatro cubano de inicios de la
República 29

Capítulo III
La obra teatral de José Cid Pérez 41

Capítulo IV
Hacia una interpretación del teatro de vanguardia de
Cid Pérez 57

Bibliografía de José Cid Pérez
Activa 71
Pasiva 77

DOS OBRAS DE VANGUARDIA DE JOSÉ CID PÉREZ
LA COMEDIA DE LOS MUERTOS 89
   Prólogo 91
   Acto I 93
   Acto II 103
   Acto III 117

LA REBELIÓN DE LOS TÍTERES 127
   Bi-Monólogo I 129
   Diálogo impar 137
   Bi-Monólogo II 145